이중톈 중국사

＼08＼

한무의 제국

易中天中華史: 漢武的帝國

한무의 제국

漢武的帝國

易中天中國史

이중톈 중국사 08

이중톈 지음 | 한수희 옮김

글항아리

원봉元封 원년(기원전 110),
한 무제는 태산에 올라
봉선대전封禪大典을 거행했다.
18만 기병, 1000리에 이어진 깃발,
1만8000리의 대여정은 한 무제의
공적과 명성을 드러내는 상징이기도 했다.

차례 / 易 / 中 / 天

제4장

천하를 다스리다

제5장

시비공과

여태후呂太后가 심복 대신인 심이기審食其에게 근심을 털어놨다.
"공신들이 선제 알현하기를 어색해하고 불편해하니,
내심 어린 주군을 섬기고 싶어하지 않겠소?"

제1장

제국 초기

소년 천자

누명과 혐의

유혈이 낭자한 도성

새빨간 거짓말

원인이 있는 쿠데타

칠국의 난

소년 천자

한漢 무제武帝 유철劉徹은 16세에 즉위했다.[1]

16세의 남자는 고대에도 미성년자였다. 당시 법정 혼인 연령은 여자는 15세, 남자는 20세였다. 따라서 귀족 남자아이는 만 20세가 되어야 성인식을 치렀다. 상투를 틀고 관을 썼으며 검을 차고 자字를 지어 결혼을 허락하는 의식으로, '관례冠禮' 또는 '혼관례婚冠禮'라고 불렀다.

유철은 관례를 앞당겨서 치렀다. 아마도 아버지인 한 경제景帝가 임종을 앞두고 있어서였을 것이다. 실제로 유철이 관을 쓰고 며칠 지나지 않아 한 경제가 세상을 떠났고 유철이 전한前漢의 7대 황제가 되었다.[2]

소년 천자天子가 등장했다.

그런데 약관의 나이에 이르기 전에 제위에 등극한 것은 한 무제가

1 이 책에서 한 무제에 관한 일은 별도의 주석이 없는 한 모두 『사기史記』「효무본기孝武本紀」, 『한서漢書』「무제기武帝紀」를 참고했다.

2 전한 전기의 황제는 고제高帝 유방劉邦, 혜제惠帝 유영劉盈, 소황제少皇帝 유공劉恭, 소황제少皇帝 유홍劉弘, 문제文帝 유항劉恒, 경제景帝 유계劉啓, 무제 유철이다. 그러나 일반적으로 소황제 둘은 계산에 넣지 않는다.

처음이 아니었다. 최초의 어린 천자는 주周 성왕成王 희송姬誦이며, 최초의 어린 황제는 한 혜제惠帝 유영劉盈이다.[3]

유영은 출신이 수상하다.[4]

유영은 전한의 2대 황제임에도 남긴 업적이 몇 가지 없다. 현존하는 자료를 보면 유영은 전란 속에서 고생하며 자란 아이로, 어릴 때부터 도처를 떠돌았다. 함락된 팽성彭城에서 피난을 가던 도중에도 몇 번이나 유방에게 떠밀려 마차에서 내렸고 하후영夏侯嬰이 구해줘서 목숨을 건졌다.

그해 유영은 6세였다.

6세인 어린아이의 마음에 이 일로 어떤 그림자가 드리워졌을지 가히 상상이 간다. 다행히 팽성이 함락된 지 두 달 뒤 유영이 태자로 옹립되었다. 이는 당연히 그가 장자라서가 아니라(장자는 서출인 제왕齊王 유비劉肥였다) 유방의 정실부인 여태후呂太后의 외아들인 적출이기 때문이었다.

안타깝게도 유방은 이 유일한 적자嫡子를 좋게 보지 않았던 듯하다. 수차례나 유영을 폐하고 척부인戚夫人의 아들인 조왕趙王 여의如意로 바꾸려고 했으니 말이다. 유방의 태도는 갈수록 단호해져서 장량張良과 숙손통叔孫通도 돌려세울 수 없었다고 한다.

그런데 극적으로 상황이 바뀌었다.

 변화는 유방이 세상을 떠나던 해에 일어났다. 어느 연회에서 태자

3 진나라 2대 황제 호해胡亥는 20세에 즉위했고 24세에 사망했다.

4 유영에 관한 일은 『사기』 「여태후본기呂太后本紀」, 『한서』 「혜제기惠帝紀」 참고.

유영이 부황父皇 곁에서 시중을 들고 있는데 뒤에 노인 넷이 서 있었다. 다들 80세 이상에 백발이었고, 의관에는 위엄이 서려 있었다. 그 모습에 유방은 입이 떡 벌어졌다.

네 사람이 앞으로 나와 자기소개를 했다.

첫 번째는 동원공東園公, 두 번째는 녹리선생甪里先生, 세 번째는 기리계綺里季, 네 번째는 하황공夏黃公이었다.

이들이 이른바 '상산사호商山四皓'다. 진나라 말기부터 깊은 산에 은거하며 천하에 널리 알려진 재야의 명인名人들로, 유방이 오랫동안 앙모해왔다.

유방이 물었다. "짐이 제군들에게 몇 번이나 청할 때는 꿈쩍도 안 하더니 어찌 내 아들은 따르는 게요?"

상산사호가 절을 올리며 말했다. "폐하는 오만하고 예의가 없으시나 태자는 인자하고 효성이 있으며 예의가 바르오니, 천하의 선비들이 태자를 위해서라면 물불을 가리지 않는 것이지요."

네 노인은 의식을 마치고 표연히 떠났다.

유방은 자리를 뜨는 상산사호를 눈으로 쫓은 뒤 척부인을 불러 말했다. "다 봤소? 태자의 자리는 흔들림이 없어. 여태후야말로 부인의 진짜 주인이라고."

척부인은 눈물을 흘렸다.

유방은 어찌할 도리가 없다는 뜻을 전했다. "부인은 날 위해 초무

楚舞를 추어주오. 난 부인을 위해 초가楚歌를 부를 테니." 그리하여 유방은 비통하게 한 번, 두 번 계속해서 노래를 불렀다. 노래를 끝내고 유방도 자리를 떠나자 혼자 남은 척부인은 목메어 울며 바닥에 쓰러졌다.

그 뒤로 유방은 다시는 태자를 바꾸자는 얘기를 입 밖에 내지 않았다.[5]

그야말로 신파 무협소설 속에서나 나올 법한 장면이다. 이 네 노인은 이름도 소설 속 무림 고수들 같다. 이들은 장량이 여태후를 위해 꾀를 내어 특별히 태자 유영을 지지해달라고 불러온 사람들이라고 한다. 따라서 이 일은 장량이 뜻밖에 황석공黃石公을 만났던 것처럼 미심쩍은 부분이 많다.[6]

그런데 뒤에 더 못 믿을 얘기가 나온다.

『사기』『한서』와 『자치통감資治通鑑』에 따르면 유영은 한 고조 12년 5월에 17세의 나이로 즉위했다. 그리고 7개월 후인 한 혜제 원년 12월에 여태후가 조왕 여의를 모살했다.

모살은 여러모로 궁리하고 계산된 결과였다. 유영은 동생이 별로 안전하지 않음을 이미 느끼고 있었다. 그래서 여의가 조나라에서 장안으로 올 때, 유영은 친히 파상灞上까지 마중을 나가 궁으로 데리고 와서 침식을 같이했다. 홍문의 연회鴻門宴에서 항백項伯이 유방을 지켰듯이 여의를 지켰으니, 여태후가 손을 쓸 수 없었다.

5 『사기』「유후세가留侯世家」 참고.
6 『사기』 등에 기술된 한 혜제, 여태후에 관한 이야기에 미심쩍은 부분이 많다는 점은 뤼쓰몐呂思勉이 지적한 바 있다. 뤼쓰몐의 『진한사秦漢史』 참고.

주도면밀했지만 뜻밖에도 한 가지 허점이 있었다. 어느 날 아침에 유영은 사냥을 하러 나가고 여의는 궁중에 남았다. 여태후는 이 소식을 듣자마자 여의를 독살했다.

여기까지만 들어도 허점이 드러난다.

여의는 왜 유영과 함께 사냥을 가지 않았을까?

조왕이 어려서 일찍 일어날 수 없었기 때문이라고 한다.

대단하다! '일찍 일어날 수 없을' 만큼 어린애를 유방은 뭘 믿고 '나와 비슷하다'고 한 걸까? 유영은 비슷하지 않고 여의는 비슷해서 태자를 바꾸려고 했다니, 이렇게 터무니없는 말이 어디 있는가?

맞다. 유영이 부모를 닮지 않은 것은 사실이다. 아버지처럼 독하거나 잔인하지도 않고, 어머니처럼 강인하거나 결단력 있지도 않았다. 유영은 마음이 약하고 어질었으며 소심하고 겁이 많아서 몹시 감상적이고 자포자기하는 성향도 꽤 강했다. 나라를 이런 사람에게 맡기려니 마음이 놓이지 않는 게 당연했다. 그러면 일찍 일어나지도 못하는 사람에게 맡기는 건 믿음직스러운가?

믿음직하지 못한 건 매한가지다.

태자를 세움에 있어서 유방은 이미 후계자 본인을 고려할 수 없었다.

그러면 무엇을 봤을까?

어머니를 봤다. 유영도 좋고 여의도 괜찮았다. 즉위하면 아마 둘

다 태후가 뒤를 받치거나 태후가 조정에 나서야 할 테니까.

그렇다면 척부인과 여태후 중 누가 믿을 만한가?

여태후였다.

실제로 여태후는 유방의 정실부인이면서 친밀한 전우戰友였다. 유방의 강산은 사실 유방과 여태후가 함께 일군 것이었다. 당시 여론에 이런 공감대가 형성되어 있었다. 심지어 여태후와 그 가족이 수레를 밀듯이 유방을 황제 자리로 밀어 올렸다고 말하는 사람도 있었다.[7]

이렇듯 유방의 강산이라면 여태후가 척부인보다 훨씬 아꼈다.

무엇보다 여태후는 능력도 더 많았다.

따라서 남자로서 또는 침대에서 유방은 척부인을 더 좋아했던 것 같지만 정치가로서 조정에서는 절대적으로 여태후를 더 신뢰했다.

뿐만 아니라 공신들도 여태후에게 표를 주었다.

유방의 공신들 중 무관 쪽은 한신韓信, 팽월彭越, 영포英布가 이미 죽었고, 번쾌樊噲는 여태후의 매부였다. 문신 쪽은 소하蕭何가 한신을 제거한 직후에 여태후 편에 섰고 장량과 숙손통叔孫通은 유영을 지지했으며 진평陳平도 나중에는 여태후를 지지했다. 척부인 모자를 지지한 사람이 있었나? 없었다.[8]

대세가 이리도 명백한데 척부인이 뭘 가지고 싸우겠는가?

확실히 유방과 여태후는 정치적인 사이일 뿐이었고 애정이 깊다고 할 수는 없었다. 유방이 남정북벌에 나설 때 여태후는 후방에 남아

7 사람들은 "여 씨가 바퀴를 밀어 고제가 천하를 취했다"고 했다. 『사기』「형연세가荊燕世家」 참고.

8 사마광司馬光은 유방이 결국 여의를 태자로 세우지 않은 것은 "군신의 마음이 조왕을 따르지 않음을 알았기 때문"이라고 했다. 『자치통감』 권12 참고.

바쁘게 정사를 살폈고, 척부인은 내내 유방과 동행했다. 시간이 흐르면서 둘 사이에 정이 생기고, 아내가 귀여우면 처갓집 말뚝을 보고도 절하는 법이니, 유방이 적자를 폐하고 서자를 태자로 세우겠다고 승낙했을 가능성도 없지는 않다. 다만 이 승낙은 한순간의 기분에 의한 것이었을 수도 있고, 미녀를 즐겁게 해주려는 비위 맞춤이었을 수도 있으므로 신뢰하기 힘들다.

정치가들은 사랑을 최우선 순위로 놓지 않는다.

그러므로 상산사호니, 초가초무니 하는 것은 만들어진 이야기이거나 당시에 서로 짜고 척부인에게 보여줬던 공연이었을 것이다.

그럴 가능성이 농후하다. 당시를 생각해보면 유방이 출세하기 전 여태후가 유방의 정수리를 보면 운이 좋다는 여론을 만들었는데, 그 결과 건달잡배들이 유방을 따르곤 했다. 이는 사실 두 내외가 짜고 친 고스톱이었다.

물론 이때도 감독은 장량, 제작자는 여태후였을 것이다.

어찌됐든 장량이 여태후 편에 선 것은 확실하다. 조왕 여의와 척부인이 여태후에게 살해된 것도 대체로 확실하다. 적어도 여태후에게 살해되지 않았음을 입증할 증거는 없다. 한신마저도 살해한 마당에 맨손에 맨주먹인 고아와 과부를 죽이는 것쯤이야 여태후에겐 아무것도 아니었으니까!

그러니 독하고 악랄한 여태후라고 누명을 쓰지 말란 법은 없었다.

누명과 혐의

유방은 유영을 선택했지만 사실은 여태후를 선택한 것이었다.

여태후도 유영도 이 점을 잘 알았다. 따라서 유영은 즉위하자마자 권력과 정무를 어머니에게 넘겼다. 그러나 남존여비의 사회에서 이는 적절하지 않았고 황가 일족도 체면이 안 섰다. 그래서 역사가들은 논리를 부여해야 했고 여태후가 누명을 쓰게 되었다.

그리하여 또 하나의 이야기가 지어졌다.

이 이야기에 따르면 여태후는 조왕 여의를 독살했으며 그의 어머니 척부인의 손과 발을 자르고 눈을 뽑고, 불에 그슬려 귀머거리로 만들고 목구멍에서 소리가 나지 않게 만들어 돼지우리에 던진 다음 '인간돼지'라 부르며 한 혜제 유영에게 보여주었다.

혜제는 목 놓아 울며 병이 들어 일어나지 못했다. 혜제가 말했다. "이건 인간이 할 짓이 아니야! 난 태후의 아들로서 천하를 다스릴 수가 없어."

이것이 혜제가 조정을 나 몰라라 한 이유라고 전해진다.

하지만 애석하게도 이건 터무니없다.

먼저 하나 물어보자. 여태후가 이렇게 할 필요가 있었나? 없다. 앞에서 이미 말했듯이 척부인과 조왕 여의는 애초에 위협적인 존재가 될 가능성이 없었다. 예전에도 불가능했고 이후에는 더더욱 불가능했다. 저항 능력이 조금도 없는 가상의 적을 없애려고 한들 이토록 악랄한 수단을 쓸 가치가 있었을까?

분풀이도 말이 안 된다. 이런 혹형을 당한 사람은 아무 감각이 없어진다는 사실을 알아야 한다. 척부인이 통증을 느끼지 못하는데 여태후에게 무슨 즐거움이 있었겠는가?

또 분풀이가 필요했다고 치면 혜제에게 보여줄 필요가 뭐가 있었을까? 혜제는 척부인과 한패이거나 공모자도 아닌 것을! 여태후가 자신의 외아들을 위협하려고 했다는 것인가? 여태후는 혜제에게 더 큰 충격이 필요하다고 생각한 것인가?

이 일로 한 혜제가 평생을 흐리멍덩하게 보냈다는 것은 더 말도 안 되는 소리다. 반대로 혜제는 뭔가 업적을 쌓고 싶어했다. 하루 종일 먹고 마시고 놀며 정사는 뒷전인 사람도 있었지만 그건 한 혜제가 아니라 조참曹參이었다.

조참은 한 혜제 2년 7월에 세상을 떠난 소하의 뒤를 이어 상국相國

이 되었다. 일명 '인간돼지' 사건이 있은 지 1년 반 뒤의 일이다. 상식대로라면 한 혜제는 이미 술독에 빠져 살았어야 맞다. 그러나 혜제는 소극적이고 나태한 조참의 근무 태도에 불만을 품었고 마음을 졸였다.

그래도 혜제는 혜제였다. 선제의 공신을 차마 면전에서 질책할 수 없어 사적인 자리에서 조참의 아들에게 말했다. "아버님께서 짐을 얕보시는 건가? 종일 주색에 빠져 계시니 어찌 천하를 근심할 마음이 있을 수 있겠나?"

그래서 조참은 혜제에게 용서를 빌었다.

조참이 물었다. "폐하와 고황제 중 누가 더 영명하고 용맹합니까?"

혜제가 대답했다. "짐이 어찌 선제를 따라잡고자 바랄 수 있겠소?"

조참이 다시 물었다. "폐하는 신과 소하 중 누가 더 현명하고 유능하다고 생각하십니까?"

혜제가 대답했다. "선생이 소 상국보다 못한 듯하오."

조참이 말했다. "그렇지요! 고황제와 소 상국이 천하를 평정하고 법규를 확립하셨으니 우려할 것이 없습니다! 이제 폐하는 편안히 계시기만 하고 신들도 본분을 다하기만 하면 천하가 태평하지 않겠습니까?"

혜제는 그제야 깨달았다.

맞다. 본인은 고황제보다 못하고 조참도 소 상국보다 못한데 바쁘게 일할 게 뭐 있는가? 고민하지 않는 게 좋지.

그때부터 한 제국은 순조롭게 한 걸음씩 나아갔고 선대의 규정대로 일을 처리했다.[9]

혜제는 가만히 있어도 천하가 잘 다스려졌기에 정사에 신경을 쓰지 않은 것이 분명하다. 조참이 일깨워준 까닭이기도 했고 당시 제국의 정치적 필요와 대세에 따른 것이지, 척부인이나 여태후와는 전혀 상관이 없다.

그렇다고 여태후에게 다른 혐의가 없다는 뜻은 아니다.

혜제 유영의 성년례 날이 의심스럽다. 유영은 17세가 되던 해에 즉위했지만 관을 쓰는 것은 즉위 4년 이후로 미뤄졌다. 이때 소년 천자는 이미 21세였다. 너무 늦은 것이 아닐까?

당연히 늦었다. 그렇다면 혜제의 관례는 왜 이렇게 늦어졌을까? 장황후張皇后가 성년이 되길 기다렸기 때문이다.

장황후는 한 혜제가 성년례를 치르기 다섯 달 전에 혜제에게 시집을 와서 황후로 세워졌다. 혼례가 관례를 앞섰으니, 이 혼인이 얼마나 중요했는지를 알 수 있다. 한 혜제의 황후는 장황후일 수밖에 없었던 것 같다. 장황후가 성년이 되지 않아 한 혜제는 정식으로 결혼할 수도, 관례를 치를 수도 없었으니 말이다.

그렇다면 장황후는 대체 어떤 사람인가?

노원공주魯元公主와 장오張敖의 딸이다.

9 『사기』「조상국세가曹相國世家」 참고.

노원공주는 혜제의 친부모에게서 난 친누나로 한나라 5년에 장오와 결혼했다. 한 혜제가 인내심 있게 기다릴 수밖에 없었던 것이 당연하다. 따라서 장황후가 황후로 봉해진 것은 많아봤자 열 살 때였다. 턱걸이로 간신히 성년이 된 나이다.

이는 물론 여태후의 독단적인 처리였다. 실제로 여태후는 미성년인 외손녀를 갓 성년이 된 친아들과 결혼시켰다. 정치인의 결혼에 정치성이 없기 어렵다는 것은 누구나 알지만 한 혜제의 이 결혼은 상식을 크게 벗어났다.

그러나 여태후는 죽기 살기로 버티며 외손녀가 겨우 황후로 봉해질 수 있을 때까지 기다렸다가 혜제에게 관을 씌웠다. 이미 소년 천자에게는 궁녀가 낳은 자식들이 한 트럭이나 있었지만 말이다.

여태후는 왜 그런 꾀를 냈을까? 두려움 때문이었다.

얼마나 두려웠을지 가히 상상이 된다. 여태후는 심복 대신인 심이기에게 "공신들이 선제를 알현하는 일을 어색해하고 불편해하니, 내심 어린 주군을 섬기고 싶어하지 않겠소?"라며 근심을 털어놨다고 한다.[10]

논리에 맞지 않는 말은 아니다.

실제로 천자가 된 유방은 왕이라 자칭한 주무周武, 황제라 자칭한 진시황과는 많이 달랐다. 주왕과 진시황은 원래부터 귀족이고 군주로, 보좌하는 이들과 일찍부터 군신관계였다. 당연히 그 자리를 노리

10 『사기』「고조본기高祖本紀」 참고.

는 사람도 없었다.

유방은 다르다. 유방과 공신들은 모두 호적에 편입된 평민(장수들과 황제는 호민戶民에 편입됨)으로 권력과 지위가 동등했다. 그런데 이제 와서 어떤 근거로 너는 높은 자리에 앉고 나는 고개를 숙여야 한다는 것인가? 또한 일개 평민도 황제가 될 수 있거늘, 왜 너는 되는데 나는 안 되는가?

그런 자격과 능력이 있는 사람이 유방 한 명뿐이었을까?

자격과 능력이 유방을 넘어서는 사람이 어디 한 사람만 있었을까?

여태후가 극도로 신경이 곤두선 것도 당연했다. 가진 게 아무것도 없는 고아와 과부가 호랑이나 이리 같은 권신들에게 무슨 수로 응수하겠는가?

고립무원일 때는 파벌을 만들어야 하는 법, 기댈 곳은 가족뿐이었다.

그래서 한 혜제가 세상을 떠난 이후 세력이 더 미미해진 여태후는 왕과 제후를 봉했다. 봉해진 이에는 유씨 집안 사람도 있고 여씨 집안 사람도 있었다. 유씨 중에는 회양왕淮陽王 유강劉疆(強), 상산왕常山王 유불의劉不疑, 제천왕濟川王 유태劉太, 낭야왕琅琊王 유택劉澤, 이렇게 네 명이 왕으로 봉해졌다. 여씨 중에는 양왕梁王 여태呂台, 조왕趙王 여록呂祿, 연왕燕王 여통呂通, 이렇게 세 명이 왕으로 봉해졌다(양왕은 본래 여왕呂王이었다. 여왕은 처음에 여태였다가 이후 여가呂嘉, 다시 여산呂產이 맡았다.)

표면적으로 보면 여태후는 공평했다. 먼저 유씨를 봉한 다음 여씨를 봉했고, 여씨 집안보다 유씨 집안의 왕이 더 많았다. 하지만 유씨 네 사람은 모두 작은 나라의 왕이었다. 게다가 회양왕 유강이 세상을 떠나자 바로 유무劉武로 바꿨고 상산왕 유불의가 세상을 떠나자 유산劉山으로 바꿨다가(유의劉義로 개명) 다시 유조劉朝로 바꿨다. 이 네 나라의 일곱 왕은 모두 혜제와 궁녀 사이의 소생이고 어린아이였다. 유일한 성인인 낭야왕 유택(여태후의 조카사위)은 여태후의 패거리였다.

여씨 세 명은 전부 큰 나라의 왕이었다. 이 세 대국의 국왕도 원래는 유방의 아들이었지만 모두 여태후 때문에 죽었다. 제일 먼저 살해된 이는 조왕 여의였다. 여의가 죽은 뒤 조왕은 유방의 여섯째 아들인 회양왕淮陽王 유우劉友로 바뀌었지만 결국 여태후에게 연금당해 굶어 죽었다. 유우가 죽은 뒤 조왕은 다시 유방의 다섯째 아들인 양왕 유회劉恢로 바뀌었지만 여태후 때문에 화병으로 죽었다. 그래서 이후 여태후를 성토하는 격문에는 여씨가 "연달아 조왕 셋을 죽였다"고 되어 있다. 연왕은 원래 유방의 여덟째 아들인 유건劉建이었다. 유건은 자결했다. 그런데 그의 아들이 여태후에게 죽임을 당했다. 그리하여 조, 양, 연 삼국이 모두 여씨의 손에 들어갔다.

대국은 빼앗아 자기 식구에게 주고, 소국은 형식적으로 어린애들에게 봉했다. 여태후의 심산이 이미 낱낱이 드러났다.

그러면 그녀는 안전했는가?

그렇지 않았다. 머잖아 끔찍한 유혈 사건이 도성에서 일어났고, 그로 인해 여씨 일가의 지위도 바닥에 떨어졌다.

유혈이 낭자한 도성

유혈 사태는 여태후가 세상을 뜨자마자 벌어졌다.

여태후는 이런 일을 이미 예감했다. 임종하기 전 양왕 여산과 조왕 여록을 불러 군대를 통제하고 황궁을 둘러싸 쿠데타를 방비하라고 경고했다.

이 선견지명은 역시 통했다.

확실히 여산과 여록은 믿음직했다. 여산의 아버지는 여태후의 큰 오빠인 여택이었고 여록의 아버지는 여태후의 둘째 오빠인 여석지呂釋之였다. 게다가 두 사람은 왕으로 봉해졌음에도 왕국에 거하지 않고 도성에 있었다. 여산은 상국이었고, 여록은 상장군上將軍이었다. 두 사람의 손에 병권兵權이 있었다는 사실이 더 중요하다.

장량張良의 아들이 이들을 도와 병권을 요청했다.

장량의 아들은 장벽강張辟彊이다. 혜제가 세상을 떠나자 장벽강은 특별히 좌승상 진평을 찾아가 질문을 하나 했다. "황상은 태후의 독생자이십니다. 황상께서 붕어하셨는데 태후는 울지를 않으시니, 대인께서는 그 까닭을 아십니까?"

진평이 물었다. "왜 그런가?"

장벽강이 말했다. "당연히 마음이 놓이지 않는 사람이 여럿 있어서이지요."

그렇게 진평은 장벽강의 건의를 받아들여 여씨 집안에 남·북군의 통솔을 맡겼다. 남·북군은 도성의 근위군으로 남군은 궁성宮城을 관장하고 북군은 수도를 관장했다. 여태후가 죽었을 때 여록이 북군을, 여산이 남군을 관장했다.

정권과 병권을 가지고 방비했으니 한 치의 실수도 없어야 마땅했다.

그러나 애석하게도 일은 바라는 대로 되지 않았다.

또한 모두의 상상을 뒤엎고 제일 먼저 튀어나온 것은 유장劉章이었다.

여록의 사위인 유장은 여태후가 처음 제후를 봉할 때 주허후朱虛侯가 됐다. 그의 남동생 유흥거劉興居도 여산이 왕으로 봉해질 때 동모후東牟侯가 됐다. 여태후는 이 두 형제를 자기 사람으로 확신했다.

그렇다면 유장은 왜 여태후의 일을 망쳤을까?

유장이 전 제나라 왕 유비劉肥의 아들이고 현재의 제나라 왕 유양劉襄의 동생이기 때문이다. 유비는 하마터면 여태후에게 살해될 뻔했다가 성양군城陽郡을 바치고 겨우 목숨을 부지했다. 유양이 재임하는 동안 여태후는 제남군濟南郡과 낭야군琅琊郡도 데려다가 조카 여태와 조카사위 유택에게 주었다.

제나라의 세 군을 빼앗기니 제왕이 언짢은 게 당연했다.

아버지와 형이 언짢으니 유장도 언짢았다. 게다가 그는 여씨 집안을 곱게 보지 않았다. 유장은 유씨와 여씨 양가의 전쟁은 불가피하며 의심의 여지 없이 여씨가 패배할 것이라고 보았다. 여씨 사람들과 교류하는 것은 목이 날아갈 짓이었다.

더군다나 유장은 유양을 황제로 옹립하고 싶었다.[11]

가능성이 전혀 없지는 않았다.

실제로 유비는 유방의 장자였고 유양은 유방의 장손이었으니까. 유비가 황제에 오를 수 없었던 것은 서출이기 때문이었다. 그러나 적출인 유영은 이미 죽었다. 현재의 소황제인 유홍劉弘(본명은 유의劉義)은 명분상 유영의 아들이지만 사실 출신이 불분명했다. 아니 불분명해졌다고 말할 수 있다. 유양이 황제가 되는 것은 사리에 맞고 명분도 정당했다.

그래서 유장은 사람을 보내 유양에게 군대를 출동시켜 여씨를 토벌하라고 선동했으며 자신은 동생 유흥거와 장안 내부에서 협력하겠다고 연락을 취했다. 제왕 유양도 우물쭈물하지 않고 "들어가서 부당하게 왕이 된 자들을 주살하자"는 구호를 내걸고 즉시 의기義旗를 세

11 제장齊章의 견해에 관해 『사기』「여태후본기」에서는 "연루되기를 두려워했다" 하고, 『사기』「제도혜왕세가齊悼惠王世家」에는 "제왕을 황제로 세웠기 때문"이라고 되어 있다.

워 격문을 돌렸다.

소식을 들은 상국 여산은 관영灌嬰을 보내 병사를 이끌고 반격하도록 했다.

관영도 패공沛公(한 고조 유방이 임금이 되기 전의 칭호—옮긴이) 시절에 종군했던 '원로 혁명가'였고 유방이 왕위에 오른 뒤 영음후潁陰侯로 봉해졌다. 그러나 관영의 군사는 형양滎陽에 이르러 비밀리에 제왕 측과 모의를 꾸몄다. 각자 잠시 군대를 움직이지 않고 장안의 변화를 조용히 관찰하다가 일단 여씨들이 전쟁을 꾀하면 모두 주살하기로 했다.

밖에는 유양이, 안에는 유장이 있고 여태후가 세운 소황제 유홍, 회양왕으로 봉해진 유무, 상산왕 유조, 제천왕 유태는 모두 미성년자였다. 여산과 여록은 마음이 몹시 혼란스러워 어디로 가야 할지 몰랐다.

태위太尉 주발周勃과 승상 진평은 움직이기로 결정했다.

진평과 주발은 우선 유세객을 보냈다. 이름은 역기酈寄로 역이기酈食其의 조카이자 여록의 절친한 친구였다. 역기가 여록에게 말했다. "고황제와 여태후가 함께 천하를 확립하니 유씨 왕이 아홉, 여씨 왕이 셋이고 모두가 인정하지. 하지만 봉국封國으로 가서 장안의 군사를 확보하지 않으면 사람들의 의심을 살 것이야. 왜 병권을 행사하여 마음 편히 국왕이 되지 않는가?"

일리가 있다고 여긴 여록은 역기와 함께 사냥을 떠났다.

주발은 즉시 행동에 나섰다. 우선 날조한 성지聖旨를 전달하여 영문營門을 연 뒤, 여록에게서 장수의 관인을 받아 손쉽게 북군 병권을 탈취했다.

그다음 남군을 해결해야 했다.

남군의 병권은 여산이 장악하고 있었다. 당시 여산은 관영과 유양의 비밀 모의를 이미 알고서 미앙궁未央宮으로 돌진하고 있었다. 소식을 들은 진평은 즉시 주허후 유장을 보내 주발을 돕게 했다. 여산은 궁전 문밖에서 저지당했고 결국 화장실에서 유장의 손에 살해됐다. 장락궁長樂宮 위위衛尉인 여경시呂更始도 유장에게 살해당했다.

여산이 죽자 주발은 대숙청에 나섰다. 성 전역에 여씨 일가를 체포하고 남녀노소 할 것 없이 전부 때려죽여도 무방하다고 명령을 내렸다. 그리하여 양왕 여산, 췌기후贅其侯 여경시에 이어 조왕 여록, 연왕 여통, 임광후臨光侯 여수呂嬃(여태후의 여동생, 번쾌의 부인)도 차례로 붙잡혀 살해됐다.

실로 끔찍한 유혈 사건이었다.

그런데 이 사건에는 수상한 구석이 있다.

후대의 견해에 따르면 이 사건이 일어난 원인은 여씨들이 권력을 독차지하고 악행을 도모하여 유씨에게 해를 가했기 때문이다. 그러나 이 견해에는 죄명만 있지 죄증이 없다. 반대로 여씨가 죽자 유씨 일가에 불운이 따랐다. 대신회의에서 소황제 유홍은 혜제의 아들이 아니므로 폐위하고 다른 천자를 세워야 한다고 선포했다.

이상한 일도 아니었다. 유홍은 여태후가 세웠으니까!

다만 세워진 사람이 득의양양했던 제왕 유양이 아니라, 잘 알려지지 않고 늘 소극적이었던 대왕代王 유항劉恒이었던 점이 뜻밖이다.

말하자면 이 역시 유양의 자업자득이었다.

유양은 반란을 일으킨 뒤 가장 먼저 낭야왕 유택의 병사를 탈취했다. 유양은 유택에게 사람을 보내 자신은 어리고 철이 없으니 제나라 군대에 귀속되길 원한다고 거짓말을 했다. 속아 넘어간 유택은 병사를 맞으러 임치臨淄로 달려갔으나 유양에게 억류되고 말았다.

유택이 유양에게 말했다. "대왕은 고제의 장손이시고, 저 유택은 유씨 가문에서 나이가 가장 많습니다. 지금 대신들이 망설이면서 누구를 세워야 좋을지 모르지만 결국엔 제 말을 들을 텐데, 왜 저를 보내 군신들을 설득하지 않는지요?"

일리가 있다고 생각한 유양은 즉시 마차를 보내 유택을 장안으로 돌려보냈다.

하지만 유택은 빠져나올 요량으로 이런 말을 한 것이었다. 설마 유양을 도와 제위를 도모했겠는가? 반대로 다른 천자를 세우는 사안을 논의하는 회의에서 가장 먼저 반대표를 던진 사람이 바로 유택이었다. 유택은 제왕의 장모와 처가가 관모를 쓴 호랑이 같으니, 제왕을 세우면 다시 여산과 여록을 세우는 것과 뭐가 다르냐고 말했다.

군신들은 모두 옳다고 여겼다.[12]

이제 유양의 마음속에 말할 수 없는 고충이 생길 차례였다. 제나라 군대는 전력이 막강했지만 서쪽의 장안으로 들어가기에는 역부족인 터라 싸움을 멈출 수밖에 없었다. 사기를 쳐서 타인의 실력을 차지했지만 제위에 오르기에 급급해 배신을 당했으니 스스로 괴로움을 삼킬 수밖에 없는 노릇이었다. 유장에게 말려들어 쓸데없이 남 좋은 일만 시킨 셈이었다.

정작 유장과 동생 유흥거는 나중에 보답을 받았다. 이듬해에 새로운 황제 유항이 유장을 성양왕으로, 흥거를 제북왕濟北王으로 봉했다. 성양군은 원래 제왕 유비가 노원공주에게 할양했던 곳이고 제북군은 더군다나 제나라 땅이니, 유양은 득을 하나도 보지 못했고 유항은 조금도 손해를 입지 않았다.[13]

유장은 선발대로 간 공으로 성양왕으로 봉해졌고 유흥거는 퇴로를 차단한 공로로 상을 받았다. 대신회의에서 유항을 황제로 세우자는 결정이 나자 유흥거가 말했다. "저는 여씨들을 멸한 일에 공로가 없으니 황궁에 가서 청소를 하게 해주시오." 그리하여 그는 여양후汝陽侯 하후영과 함께 소황제 유홍을 쫓아내고 유항을 궁으로 들였다.

그날 밤 소황제 유홍과 회양왕 유무, 상산왕 유조, 제천왕 유태가 모두 죽임을 당했다. 유홍은 소부小府에서 죽었고 세 왕은 왕부王府에서 죽었다.

12 『사기』「제도혜왕세가」 참고.

13 이 부분의 논지에 대해서는 뤼쓰멘의 『진한사』도 참고.

여씨 일가가 깡그리 죽었다. 황궁과 도성 안의 유영 일가도 이제 다 죽었다. 이것은 유씨 천하를 지키기 위한 것이었나? 아니면 반란을 평정한 것이었나?

아니다. 쿠데타였다.

쿠데타에는 이유가 있어야 한다. 그렇지 않으면 합법성과 정당성이 결여된다. 진평과 주발의 입장에선 더더욱 그랬다.

새빨간 거짓말

진평과 주발은 여태후를 지지했었다.

한 혜제가 세상을 떠난 다음 해에 여태후는 여씨들을 왕으로 봉할 것을 제의했다. 이상할 것도 부적절할 것도 없는 일이었다. 다음의 지도를 보면 당시 중앙정부가 얼마나 약했는지를 알 수 있다. 제후들의 왕국이 한 제국의 절반을 차지했고 중앙에 직속된 군현은 지극히 제한적이었다.

그렇기 때문에 한나라 초기는 진나라와 6국의 정세와 다름없었다. 이에 마음이 급해진 유방은 신의도 저버리고 체면 따위도 차릴 새 없이, 악랄한 수단으로 연왕 장도臧荼, 한왕韓王 신信, 조왕 장오張敖, 초왕 한신, 양왕 팽월과 회남왕 영포를 없애고 전체적으로 별 영향력이 없는 사왕沙王 오예吳芮 부자만 형식적으로 남겼다.

폐위된 이성異姓, 즉 다른 성의 제후 6국은 유씨 일가에 봉해지거나

전한 초기 이성異姓 제왕 할거도

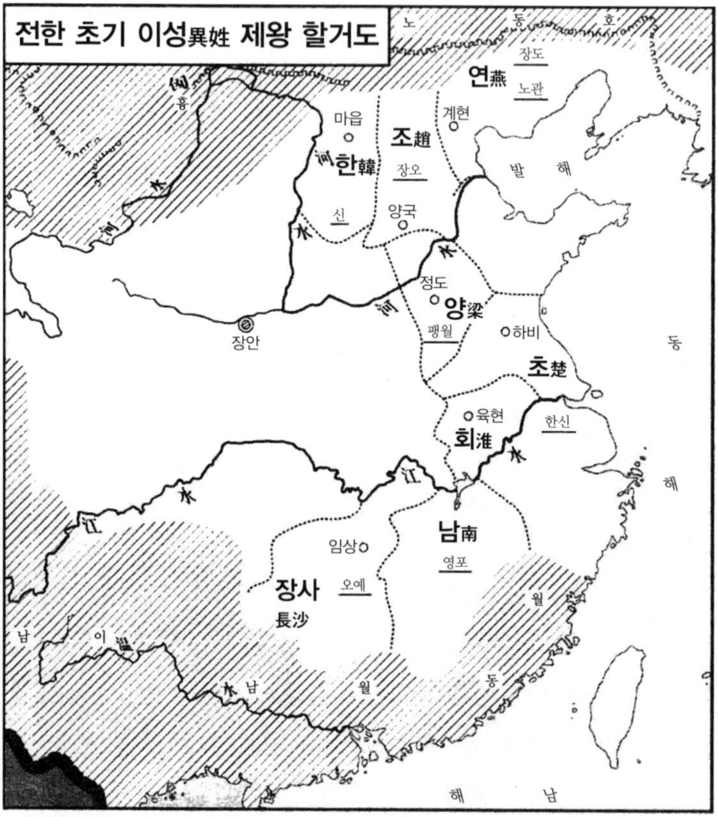

◎ 톈창우田昌五, 안쭤장安作璋이 편찬한 『진한사秦漢史』 103페이지에서 인용

분배되었다. 유방의 장남인 제왕 유비, 삼남인 조왕 여의, 사남인 대왕 유항, 오남인 양왕 유회, 육남인 회양왕 유우, 칠남인 회남왕 유장, 팔남인 연왕 유건, 사촌형인 형왕 유가劉賈, 넷째 동생인 초왕 유교劉交, 조카인 오왕 유비劉濞가 그들이다. 그제야 유씨들의 천하가 되었다.

성이 다른 왕들을 믿을 수 없다면 성이 같은 왕들은 믿을 수 있을까?

역시 믿을 수 없었다.

사실 이 점에 대하여 유방은 마음속에 계산이 서 있었다. 한 고조 11년에 유방은 유비劉濞를 오왕에 봉하면서 그의 등을 쓸며 반쯤 농담으로 말했다. "유비야, 너 나중에 반란 일으키지 마라!"

유비는 머리를 조아리며 대답했다. "신이 그럴 리가 있겠습니까!"

그럴 리가 있냐고? 나중에 일어난 7국의 난을 이끈 장본인이 바로 유비였다.[14]

사실상 한나라 초기 동성同姓 제후왕들이 반란을 일으키지 않은 것은 유방, 여태후 그리고 혜제가 있었기 때문이다. 혜제는 유약하긴 했어도 어쨌든 전쟁의 시대를 거쳐온 사람이었고 적자였다. 게다가 여태후가 뒤에 버티고 있으며 군신들이 호위하니 안정적으로 자리를 지킬 수 있었다.

혜제 이후의 소황제는 말하기가 좀 뭣하다. 소황제는 유공劉恭과

14 『사기』 「오왕비열전吳王濞列傳」 참고.

유홍劉弘 두 사람이 있었다. 훗날 여태후에게 살해된 유공은 전소제前小帝라 불리고 유홍은 후소제後小帝라 불린다. 두 소황제 모두 혜제가 궁녀에게서 낳았다고 알려져 있으나 여태후가 대충 세웠을 가능성이 크다.

여태후는 수렴청정 외에는 달리 선택의 여지가 없었다.

당시 소하, 조삼, 장량, 번쾌 등 원로 공신들은 이미 세상을 떠난 뒤였다. 조정의 중신으로는 우승상 왕릉, 좌승상 진평, 태위 주발이 있었다. 여태후가 여씨들을 왕으로 봉하려면 이 세 사람과 상의해야 했다.

그 결과 왕릉은 반대하고 진평과 주발은 찬성했다.

찬성한 것은 이상하지도, 부당하지도 않다. 당시의 중앙정부는 소제 아니면 여태후였기 때문이다. 여태후가 안전해야 중앙이 안전하고, 중앙이 안전해야 제국이 안전했다. 여태후가 유방을 모방해서 동성들을 왕으로 봉한 것은 안정을 유지하기 위함이었다.

따라서 진평과 주발이 옳았고 왕릉이 틀렸다.

훗날 정변이 일어나 일이 성가셔졌다. 헌데 정변을 주도하고 이끈 것은 진평과 주발이었다. 두 사람이 여씨들을 왕에 봉하는 일에 찬성했던 것과 마찬가지로 이것은 바꿀 수 없는 사실이면서 또 상호 모순된다. 앞뒤 말을 어떻게 끼워 맞춰야 할까?

그래서 이야기가 만들어졌다.

첫 번째는 유방이 백마를 죽이며 군신들과 동맹을 맺었는데 이후에 왕에 봉해지고 왕이라 칭하는 자가 유씨가 아닌 경우 천하가 함께 그를 공격하기로 했다는 이야기다.[15]

이것을 '백마지맹白馬之盟'이라고 한다.

이 맹약이 사실이라면 여태후는 맹약을 어긴 것이 된다. 제왕 유양이 출병하고 주발과 진평이 군대를 일으킨 것도 법도상으로는 근거가 생긴다.

의심할 바 없이 이것은 큰 사건이었다.

그러나 이렇게 큰 사건이 역사적으로는 명확한 기록이 없다. 백마지맹은 언제 일어난 일인가? 어디에서 이뤄졌나? 누구누구가 참여했나? 맹약서는 있나? 있다면 어디에 보관되어 있나? 전부 모른다.

더 이상한 것은 『사기』 「고조본기」에선 백마지맹에 대해 한 글자도 언급하지 않고, 훗날 제왕 유상의 '토려격문討呂檄文'에 대한 언급도 전혀 없으며 「여태후본기」에서만 이 일을 거론하고 있다. 그것도 왕릉의 입에서 제일 먼저 나온다.

왕릉은 당시의 우승상이다. 왕릉이 백마지맹을 언급한 것은 당연히 여씨들을 왕으로 봉하려는 여태후를 저지하기 위해서였다. 훗날 여태후도 임종 전에 옛이야기를 다시 꺼냈다. 여태후는 여산과 여록에게 고황제와 군신 사이에 백마지맹이 있었다고 얘기했다. "이제 우리 여씨들이 왕이 되면 대신들이 불만을 품을 것이니 조심들 하거라!"

15 이 동맹은 『사기』 「여태후본기」 외에 「강후주발세가絳侯周勃世家」에도 나온다. 여기서는 "유 씨가 아니면 왕이 될 수 없고 공로가 없으면 제후가 될 수 없다. 이 약조에 맞지 않으면 천하가 함께 그를 공격한다"고 되어 있다.

그렇다면 여태후는 백마지맹을 알고 있었다는 얘기가 된다.

그래서 왕릉은 퇴청한 뒤 두 사람을 질책했다. "고황제가 군신과 삽혈로 동맹을 맺을 당시에 두 분은 현장에 없었습니까? 두 분이 여왕의 비위를 맞추기 위해 원칙을 포기했으니 나중에 구천에서 무슨 낯으로 선제를 뵐 겁니까?"

그런데 진평과 주발의 대답은 의외였다. "오늘 법정에서 목표를 달성하려고 기를 썼으니 우리가 확실히 대인인 것은 아닙니다. 하지만 장차 사직을 보전하고 유씨 집안을 안정시키면 우리가 대인보다 나을 것입니다."[16]

여기에 숨어 있는 의미는 명확했다. 우리가 "우회적으로 나라를 구했다"는 것이다.

이 사건이 훗날 정변에 복선을 심었다. 진평과 주발은 역사에 오점을 남기지 않았을 뿐 아니라 오히려 왕릉보다 더 정치가다웠다. 문제는 이 둘이 왜 이렇게 마음이 잘 통했냐는 것이다. 텔레파시라도 통한 걸까?

아니다. 육가陸賈 때문이었다.

육가는 역이기와 더불어 유명한 종횡가였다. "천하는 말 위에서 얻을 수 있지만 말 위에서 다스릴 순 없다"는 말이 바로 그의 명언이다. 마지막에 여씨들이 권력을 독차지하여 정권을 휘두르는 문제를 순조롭게 해결하기 위해 육가가 제 발로 진평을 찾아간 적이 있다.

16 『사기』「여태후본기」 참고.

진평은 육가를 별로 상대해주지 않았다.

육가가 물었다. "승상을 이렇게 근심하게 하는 일이 무엇입니까?"

진평이 말했다. "맞춰보시게나."

"여씨들입니까?"

"맞네. 어찌해야 하겠는가?"

"천하가 평안할 때는 재상相을 주의하고 천하가 위태로울 때는 장수將를 주의해야 합니다. 장과 상이 조화를 이루고 마음이 한곳을 향하면 어디를 가든 승리하는 것이 당연하지요."

그제야 진평은 주발과 한마음으로 힘을 합쳤다.[17]

참 훌륭한 이야기인데 아쉽게도 허점이 보인다. 육가가 진평을 위해 아이디어를 내긴 했지만 여씨들이 왕으로 봉해진 이후의 일이다. 여태후가 의견을 구하고 왕릉 등을 질책했을 때, 두 사람의 말이 왜 완벽히 일치했을까?

그래서 다시 이야기를 꾸며야 했다.

이 이야기에서는 유방이 임종하기 전 여태후가 유방에게 지시를 내려달라고 청했다. "폐하, 100년 뒤에 소상국도 없어지면 누가 그 뒤를 이을 수 있겠습니까?"

유방이 말했다. "조삼이지."

여태후가 다시 물었다. "조삼 다음에는요?"

 유방이 말했다. "왕릉이지. 헌데 왕릉은 어리고 고지식하니 진평이

17 『사기』「역생육가열전酈生陸賈列傳」 참고.

돕게 해야 하오. 진평은 지혜롭긴 하지만 혼자서는 감당할 수 없으니 주발을 의지해야 하고. 주발은 진중하고 충직하며 소박하니, 유씨 집안이 안정되려면 꼭 그 자여야 하오."

여태후가 또 물었다. "그들 다음에는요?"

유방이 말했다. "그건 태후가 알 수 없을 것이오."[18]

원래 원문은 "그 후는 당신도 모른다"가 아니라 "그 후는 나도 모른다"라는 것에 주목해야 한다. 하하, 당연히 여태후는 알 턱이 없었다. 왕릉, 진평, 주발 다음에는 여씨 일가가 망할 테니까 말이다.

참으로 신묘한 '임종 당부'였다!

보아하니 유방은 자신이 죽은 뒤 여씨들이 반란을 일으킬 것이고 반란을 평정할 이는 주발, 그에 일조할 이는 진평일 것을 이미 예견했던 듯하다. 백마지맹이 진짜 있었던 일임을 증명해줄 사람은 왕릉이어야 했다.

여태후도 참 말을 잘 들었다. 한 혜제 6년에 왕릉을 우승상, 진평을 좌승상, 주발을 태위로 동시에 임명하여 가문의 멸망과 자신의 패망을 위해 무덤을 팔 사람을 손수 준비했다.

훌륭한가? 훌륭하다.

신뢰가 가는가? 안 간다.

이 이야기가 사실이라면 일본이 진주항을 기습한 것은 미국을 세계의 우두머리로 만들기 위해서라는 말과 똑같다. 우스꽝스럽지 않은

18 『사기』 「고조본기」 참고.

가?

임종 전의 당부라느니, 우회적으로 나라를 구했다느니, 육가의 모략이니 하는 것은 죄다 전한의 조정에서 사후에 만들어낸 새빨간 거짓말에 불과하다. 그 저작권은 아마 진평이 가지고 있을 것이다.

물론 단체 창작이었을 것이다.

다들 한목소리를 내니 사마천도 어찌할 도리 없이 그대로 기록해야 했을 것이다.

하지만 사마천은 역시 사마천이다. 후세 사람들이 발견해서 해독하도록 모든 허점과 빈틈을 그대로 보존해두었다. 그것을 읽어내지 못하면 스스로의 멍청함을 탓할 수밖에 없다. 마찬가지로 이 때문에 진평과 주발이 도의를 저버렸다고 생각한다면 크나큰 오산이다.

원인이 있는 쿠데타

지금 보면 여씨 일족은 참 불쌍하다.

도성이 피로 물든 뒤 여태후와 그 가족은 치욕스러운 역사의 장본인으로 낙인이 찍혔다. 그러나 샅샅이 살펴봐도 그들이 무슨 죄를 지었는지는 알 수가 없다. "여씨들이 권력을 독차지하여 일을 처리하고 반란을 꾀했다" 등의 말은 많은 경우 사실이 아닌 듯하다. 적어도 그들처럼 체통 없고 아무런 준비 없는 반란자는 본 적이 없다.

사실 생각해보면 알 수 있다. 여록이 정말 야심을 품었다면 어째서 역기의 몇 마디에 갈팡질팡해서 별생각 없이 병권을 포기했을까? 여산이 모반을 도모했다면 어째서 궁에 들어갔을 때 졸병 하나 데리고 나오지 않았으며, 남군 사병은 흔적도 없었을까? 간단하다. 그들은 애초에 모반할 계획이 없었다.

정치적 야심이 없으니 마음의 준비나 체계적인 조직, 심복과 보좌진이 있을 리 없었다. 그래서 일이 코앞에 닥치자 여씨 일가는 아무런 의견이 없었고, 제왕이 군사를 일으켰어도 관영灌嬰을 보내는 게 전부였다. 결과가 어땠나? 전방의 군사가 창을 거꾸로 겨눴다.[19]

여산과 여록은 진짜로 고립무원이 되었다.

진평과 주발이 일으킨 쿠데타는 가장 폭넓은 지지를 얻었다. 조삼의 아들, 어사대부御史大夫 평양후平陽侯 조줄曹窋이 그들을 위해 상대편에게 몰래 기밀을 누설했고, 양평후襄平侯 기통紀通은 거짓으로 왕명을 꾸며 주발을 위해 영문을 열었다. 역기의 부하인 유게劉揭는 여록에게서 장군 인감을 받아왔고 미앙궁의 위위는 여산이 안으로 들어오지 못하도록 궐문을 지켰다. 주발이 북군에 진입해서 여씨에게 충성할 자는 오른쪽 웃통을 벗고(오른쪽 가슴 또는 오른팔을 드러내고) 유씨에게 충성할 자는 왼쪽 웃통을 벗으라고 하자, 전군이 왼쪽 웃통을 벗었다.

도道에 맞으면 도와주는 사람이 많고, 도에 어긋나면 도와주는 사람이 적다는 데는 그만한 원인이 있다.

진영의 변화가 그 원인이었다.

유방이 사망하기 전의 정치 세력은 유방과 여태후, 이성 제후, 공신과 열후列侯 등 3대 파워 집단으로 정리할 수 있다. 유방 라인과 제후 라인이 양대 진영을 이뤘고 공신 라인은 유씨 쪽이었다. 따라서 소하는 한신과의 오랜 친분도 아랑곳하지 않고 여태후와 손을 잡아 한신

19 뤼쓰몐의 『진한사』 참고.

을 없앴다.

이때 유방과 여태후는 일심동체였다. 여태후를 지지하면 유방을 지지하는 것이었다. 장량과 숙손통 등은 힘껏 유영을 지지했고, 공신 라인에선 척부인과 조왕 여의를 지지하는 사람이 한 명도 없었다.

그러나 혜제 이후로 상황이 바뀌었다.

혜제 이전에 제후 라인은 이미 사라졌고, 혜제 이후에는 유방 라인도 자취를 감췄다. 여전히 존재하고 있는 것은 공신과 여태후밖에 없었다. 여태후 이전에는 유씨가 대세였지만 이제 여씨가 대세가 되었고, 이전에는 유방 라인에서 대변인을 맡았지만 이제는 새로운 세력에서 총 대표를 맡았다. 이 새로운 세력을 외척이라고 불렀다.

새로운 세력이 무럭무럭 자라난 건 이상한 일이 아니다. 고조와 혜제가 권력을 진공 상태로 남겨뒀고, 여씨 일가는 자본도 두둑했다. 유방이 패현에서 군사를 일으키니 여씨 일가 전체가 뒤따랐고, 팽성을 함락한 것도 여씨 일가가 호응해준 덕분이었다. 더군다나 여태후의 매부인 번쾌는 생명의 위험을 무릅쓰고 곁에서 세심하게 도왔다. 여씨 일가의 공로가 컸다.

물론 더 중요한 원인은 여태후에게 있었다. 여태후는 전시용으로 놓인 화병이 아니라 실력파였다. 포로로 잡혀 있던 기간을 빼고 유방이 출정 나갈 때마다 늘 그를 대신하여 베이스캠프를 지켰다. 유방이 사망하자 한 제국은 더욱 여태후의 힘으로 운영되었다. 여태후는 자연스레 명망을 쌓아갔고 주인 노릇할 자격도 있었다.

이때 여태후와 맞설 수 있는 세력은 종실밖에 없었다.

제왕 유양, 대왕 유항, 회남왕 유장, 오왕 유비 등 종실은 대부분 유씨 제후였다. 그런데 종실은 유씨들이긴 해도 지방을 대표했고 여태후는 여씨지만 중앙을 대표했다. 공신 라인이 누구를 택해야 했을까?

진평과 주발은 여태후를 택했다.

중앙집권이 대세였으니 진평과 주발을 나무랄 수도 없다. 그런데 여태후가 죽은 뒤에도 여씨들이 중앙을 대표할 수 있었을까?

불가능했다.

이것이 바로 쿠데타가 일어난 중요한 원인이었다.

다시 말해서 여태후가 서거하면 균형이 깨질 터였다. 모든 정치 권력이 새롭게 물갈이되며 재분배가 진행될 것이었다. 유장과 유양이 밖에서 군사를 일으키고 진평과 주발이 안에서 정변을 일으킨 것은 공모한 것도 아니고 우연도 아니다.

종실과 공신의 창끝이 똑같이 외척에게 향했다.

말하지 않아도 약속이나 한 듯이 마음이 통했다.

한편 쌓인 원한도 폭발했다. 그 책임은 당연히 여태후에게 있었다. 여태후는 공신들에게 마음을 놓지 않았고 토사구팽도 마다하지 않았다. 역사가들은 한나라 초기에 "대신들을 주살한 배후에는 여태후가 있었다"고 하는데, 대체로 맞는 사실이다. 그녀가 조왕 여의를 먼저 죽이고, 그다음 회양왕 유우와 양왕 유회를 차례로 죽인 것은 틀림없는 사실이다.[20]

공신도 미움을 샀고 종실도 노여움을 샀으니 어찌 스스로 세상과 단절되지 않겠는가? 여태후 세력이 조력자가 적었던 것은 도를 잃었기 때문이 아니라 사람을 잃었기 때문이다.

마찬가지로 제왕 유양의 계산이 수포로 돌아간 것도 낭야왕 유택이 반대했기 때문만이 아니라, 진평과 주발이 더 이상 강력한 황제를 원치 않았던 이유가 더 컸다. 물론 너무 약해도 안 됐다. 군신들과 사이좋게 잘 지내서 현재를 평온하게 넘기고 미래의 군신들과 함께 정사를 잘 다스릴 수 있는 사람이 가장 바람직했다.

게다가 고조가 봉한 열 명의 왕 중에 여섯은 이미 죽었고 다섯은 나라를 잃었으며 초왕 유교와 오왕 유비는 고조의 자손이 아닌 데다 회남왕 유장은 나이가 너무 어렸다.[21]

부친이 죽으면 아들이 계승하는 법이고, 나라는 장성한 군주를 필요로 하니 유항이 유일한 후보였다.

대왕 유항은 유방의 넷째 아들이다. 유방의 사랑을 받지 못한 모친 박희薄姬는 절친의 도움으로 딱 한 번 성은을 입었는데, 그것도 유방이 가엾게 여긴 덕분이었다. 하지만 유항 모자에겐 전화위복의 행운이 따랐다. 여태후에게 풀려나 다행히 대숙청이라는 재난을 면했

20 『사기』「여태후본기」 참고.

21 고조가 봉한 열 명의 왕 중 형왕 유가는 전사하여 오왕 유비로 바꾸었다. 조왕 여의는 독살당해 그 영지가 여록에게 돌아갔다. 양왕 유회는 화병으로 죽어 그 영지가 여산에게 돌아갔다. 회양왕 유우는 굶어 죽어서 그 영지가 유강에게 돌아갔다. 연왕 유건은 병사해서 그 영지가 여통에게 돌아갔다. 제왕 유비는 병사해서 아들인 유양이 왕위를 계승했다. 나머지는 고조의 사남 대왕 유항, 칠남 회남왕 유장, 고조의 동생 초왕 유교, 조카인 오왕 유비다.

22 『사기』「외척세가外戚世家」 참고.

다.[22]

여태후는 셋째만 방비할 줄 알았지, 넷째까지는 미처 생각하지 못했다.

대신들도 보잘것없는 넷째가 만만치 않다는 것을 생각지 못했다. 유항은 23년 동안 황제 자리를 듬직하게 지켰고 사후에 문제文帝라는 시호와 태종太宗이라는 묘호를 얻었다.[23]

태종은 태조 또는 고조 바로 다음의 묘호이며, 문제를 뛰어넘는 시호도 많지 않다. 실제로 진·한 양대에서 가장 중요한 인물은 '4대 천왕'인 시황제 영정, 고황제 유방, 문황제 유항, 무황제 유철이다.

한 문제는 왜 이렇게 높은 평가를 받았을까?

이유는 다양하지만 후세에서 가장 높이 사는 점은 '인자함'이다. 예를 들자면 검소하게 생활하면서 이익을 백성에게 양보했고 사람들에게 너그러웠던 점 등이다. 원년 12월에 구족을 연좌시키는 연좌법을 폐지했다. 2년 5월에는 비방요언誹謗妖言 죄를 폐지했고 13년 5월에는 먹물로 죄명을 새기는 자자刺字, 코를 베는 할비割鼻, 발을 자르는 단족斷足 등 세 가지 육형肉刑도 폐지했다.

그래서 사마천과 반고는 유항을 인자하다고 했다.[24]

사실 한 문제의 인자함은 과장됐다. 공신 주발의 경우, 나중에 나오긴 했지만 한 문제가 허위로 누명 사건을 조작해서 감옥에 들어갔다. 하지만 유방과 여태후가 팽월을 대한 것에 비하면 확실히 인자했

23 전한의 황제 열한 명 중 묘호가 있는 황제는 고제 유방(고조), 문제 유항(태종), 무제 유철(세종), 선제 유순(중종), 원제 유석劉奭(고종) 다섯 명이다.

24 『사기』「효문본기孝文本紀」, 『한서』「문제기文帝紀」 참고.

25 『사기』「강후주발세가」 참고.

던 셈이다.[25]

종실을 대함에 있어서도 마찬가지였다.

여태후가 가져간 성양, 제남, 낭야 세 군을 유항은 제왕 유양에게 다 돌려줬다. 세력 기반을 잃은 낭야왕 유택은 연왕으로 봉해졌다. 여태후에게 살해된 유우의 아들은 조왕으로 봉해졌다.

그야말로 '멸망한 나라와 대가 끊긴 가문을 살리고 은둔한 인재를 발탁하는' 처사였다.

아쉽게도 좋은 시절은 오래가지 않았다. 이듬해 3월에 문제는 성양군을 유장에게 분봉하고 제북군을 유흥거劉興居에게 분봉했다. 유양의 아들 유칙劉則이 세상을 떠난 뒤에는 제나라를 제齊, 제북濟北, 제남濟南, 치천菑川, 교서膠西, 교동膠東, 성양城陽의 일곱 개 왕국으로 나눠서 모조리 원래의 제왕인 유비의 아들에게 주었다.

조나라도 두 개로 갈라서 큰 덩어리는 유우의 장자인 조왕에게 주고 작은 덩어리는 유우의 작은 아들인 하간왕河間王에게 주었다. 회남국은 유장이 죽은 이후 세 개로 나뉘어서 회남, 형산衡山, 여강廬江의 세 왕국이 되었다.

이처럼 한 문제는 아무런 티도 내지 않고 종실과 공신 두 파를 정리했다. 그 이후 진평, 주발 등이 잇따라 세상을 떠나자 공신 라인도 사라졌다. 여태후 시대의 3대 파워(외척, 공신, 종실)가 차례로 물러나면서 한 제국은 오랫동안 안정되고 태평한 국면을 맞았다.

문제를 어찌 '문文'제라 하지 않겠는가?

한 문제의 부드러운 칼놀림은 가의賈誼의 가르침을 받은 것이라고 한다. 가의는 밖으로는 흉노, 안으로는 제후가 당시 제국의 주된 위험 요소라고 생각했다. 제후들은 동성이긴 하지만 모반하지 말란 법은 없었다. 최고의 방법은 '많은 제후를 세워 그 힘을 약화시키는 것'이었다. 다시 말해 큰 왕국을 중간 규모의 왕국으로 쪼개고, 중간 왕국을 작은 왕국으로 쪼개는 것이다. 나라가 작고 힘이 약하면 분위기를 형성할 수 없다.[26]

이런 방법을 오랫동안 유지하면 종실의 위험이 결국 사라진다는 것을 쉽게 상상할 수 있다. 훗날 한 무제가 바로 그랬다.

아쉽게도 이 방침은 결국 깨졌다.

그리하여 내부에서 다시 재난이 생겼다.

26 『한서』「가의전賈誼傳」 참고.

칠국의 난

문제의 방침을 깬 이는 조착鼂錯이다.[27]

조착은 원래 한 문제의 태자인 유계劉啓의 스승이다. 문제가 서거한 뒤 즉위한 유계가 한 경제景帝다. 경제는 조착을 싱크탱크로 여기고 그의 말이나 계획을 모두 듣고 따랐다. 몸이 근질거리던 참에 조착도 종실 문제를 조속히 해결하자며 적극적으로 주장했다.

조착은 번藩을 제거하자는 아이디어를 냈다.

번은 번왕, 즉 제후다. 번을 제거하자는 것은 제후들의 힘을 약화시키자는 것이었다. 한 문제도 그렇게 했듯이, 이는 틀린 말이 아니었다. 하지만 문제가 제나라를 일곱 개로, 조나라를 두 개로, 회남을 세 개로 나누는 바람에 제후국을 얻은 쪽은 여전히 제후왕의 자제들이었다. 조착은 그와 다르게 왕국의 군현을 빼앗아 중앙으로 귀속시키려 했다.

27 이 절에서는 별도의 주석이 없는 한 모두 『사기』「원앙조착열전袁盎鼂錯列傳」과 「오왕비열전」을 참고.

무른 칼로 살을 베면 아픔을 느끼지 못하는 법이다. 더군다나 문제의 방법을 보면 베어낸 고기를 솥에서 썩힌들 제후들은 불만이 없었고, 있다 한들 말하지 않았다. 반면 조착은 호랑이 입에서 먹이를 빼어오는 방법을 썼으니, 제후들이 어찌 공손하지 않았겠는가?

절박한 마음에 반역을 일으켰을 수도 있다.

조착은 옳고 그른 것을 따지지 않았다. 조착은 번 제거 작업이 언제라도 해야 할 일이고 반역이 일어나는 것도 시간문제라고 말했다. "제거하면 그들은 배반할 것이고, 제거하지 않아도 그들은 배반할 것입니다. 일찍 제거하고 일찍 배반하는 것이 뒤탈이 적고, 늦게 제거해서 늦게 배반하면 후환이 큽니다. 각지의 제후들이 통제할 수 없을 정도로 세력이 커지면 제거하고 싶어도 할 수가 없습니다!"

일리가 있다고 생각한 경제는 초나라 동해군東海郡, 조나라 상산군常山郡, 교서국 육현六縣, 오나라 회계군會稽郡과 예장군豫章郡을 제거하라고 명령했다.

명령이 떨어지자 일곱 나라가 배반했다.

반역을 일으킨 제후가 오왕 유비, 초왕 유무劉戊, 조왕 유수劉遂, 치천왕 유현劉賢, 교서왕 유앙劉卬, 교동왕 유웅거劉雄渠, 제남왕 유벽광劉辟光이라서 칠국의 난이라고 하며, 오초吳楚의 난이라고도 한다.

내건 기치는 "들어가서 한나라의 도적인 조착을 주살하자"였다.

앞장선 오왕 유비는 기고만장했다. 각국에 "폐국은 작다 해도 영토가 3000리이고 군대는 약하지만 50만이 있으며 과인은 가난하지만 30년간 입고 먹는 것을 아꼈습니다. 오나라는 천하 각지에 저축해둔 것이 있으니 대왕들께서 직접 군대에 상을 내려 위로하시려면 과인에게 말씀만 하십시요"라는 각서를 보냈다.

유비는 또 국내에 총동원령을 내렸다. "과인은 올해 62세이나 몸소 장병으로 나선다. 과인의 어린 아들도 14세이지만 병사로 나간다. 그러니 14세에서 60세까지의 장정은 모두 출정한다."

그 결과 유비의 병력이 급증했다.

태세가 이렇게 흐르리라고 예상하지 못한 한 경제는 몹시 혼란스러웠다.

조착도 당황해서 어찌할 바를 몰랐다. 사실 이 사람은 책벌레라서 다급해지니 연거푸 악수를 두었다. 한 경제가 친히 정벌에 나가고 자신은 남아서 도성을 지키겠다고 제안한 것이다. 안전함은 자기 몫으로, 위험은 황제의 몫으로 남기겠다는 말과 다를 바 없었다. 사고는 본인이 친 주제에 말이다. 민심이 격분하여 죽여도 된다고 한목소리를 낸 것도 무리는 아니었다.[28]

한 경제도 마음이 콩닥거렸을 것이다.

정작 조착은 전혀 알아채지 못했고 사적인 원한을 공적으로 풀려는 마음으로 어사대부(부총리 겸 감찰부 부장)의 직권을 이용해 늘 자신과 대립했던 정적政敵인 원앙袁盎을 죽이려 했다. 전에 원앙이 오왕은

28 『한서』「애앙조착전爰盎晁錯傳」 참고.

반역을 일으킬 리가 없다고 말한 건, 뇌물을 받은 것이 분명하다는 이유였다. 이 제의는 감찰관들의 단체 부결에 부딪히긴 했지만 말이다.

소식을 들은 원앙은 긴급히 경제에게 알현을 청했다.

경제가 원앙에게 물었다. "그대는 오나라의 승상을 지냈으니 군신들의 됨됨이를 알겠지. 오초의 난이 어떻게 될 것 같소?"

원앙이 대답했다. "염려하실 필요 없습니다."

경제는 깜짝 놀랐다. "오왕이 백발로 반역을 일으키는 마당에 믿는 구석도 없이 일을 저지르겠소? 뭔가 묘책이라도 있는 게요?"

원앙이 말했다. "오왕과 초왕이 반란을 일으킨 것은 조착의 압박 때문입니다. 조착을 죽이고 사절을 보내 오초칠국을 사면하고 그들이 뺏긴 땅을 돌려주기만 하면 칼날에 피 한 방울 묻히지 않고 천하가 태평해질 수 있을 것입니다."

경제는 한참 동안 침묵을 지키다가 입을 열었다. "짐이 한 사람을 지키자고 천하 만민을 나 몰라라 할 수는 없다."

10여 일 뒤 조착은 살해됐다.

그러면 유비 쪽에선 군사를 물렸을까?

그것도 아니었다.

오왕 유비는 조서를 가져온 한나라 사절 원앙을 거들떠보지도 않았다.

평화 회담이 결렬되었으니 무력으로 해결할 수밖에 없었다.

3개월간의 내전은 결국 칠국 군사의 패배, 왕들의 몰사로 끝났다. 이들은 살해되든 자살하든 전부 몸통과 머리가 다른 곳에 놓였다. 이는 경제가 생각지 못한 일이었다. 오왕도 생각지 못한 일이 있었다. 그는 한 경제가 조착을 죽이지는 않을 것이라 보았다. 오왕은 그가 그렇게 광기를 부리지는 않을 것이라 생각했다.

그러나 두 공신도 끝이 아름답지 못했다.

공신이란 양왕 유무와 태위 주아부周亞夫다. 주아부는 주발의 아들로 한 문제 때 장군이 됐다. 주아부의 세류영細柳營에 위문하러 간 문제는 처음에는 영문에 들어가지 못했고, 들어가서는 병영 내에서 말을 타서는 안 된다는 말을 들었다. 결국 주아부가 나와서 황제를 알현했는데 완전 군장을 하고 무기를 든 채 공손히 군대식으로 경례를 했다.

한 문제는 이 사람이야말로 진짜 장군이라며 감탄했다. 임종 전에는 한 경제에게 장차 국가가 곤경에 처하면 주아부에게 중임을 맡기라고 전하기도 했다.

주아부도 기대를 저버리지 않았다. 이번 전쟁에서 오나라 군대를 대파하고 칠국의 난을 평정했다. 그런데 그의 승리에는 전제가 하나 있었다. 양왕 유무가 수양睢陽을 굳건히 지키며 칠국의 대군을 3개월간 붙잡아둔다는 것이었다. 반란군은 기진맥진하고 탄알과 식량이 거덜 난 상황에서 주아부와 싸우니 일격도 감당할 수 없는 상황이었다.

유리한 기세를 이용해 호된 공격을 가한 양왕도 주아부만큼이나 전쟁에서 공이 컸다.

양왕이 없었으면 한 제국은 승리할 수 없었을 것이 분명하다.

양왕 유무가 중앙을 지지한 것은 이상할 게 없었다. 한 경제의 친동생이었고, 두 사람의 모친인 두태후竇太后는 심지어 작은아들을 더 좋아했다. 태후가 총애하고 공신들이 아껴주니 양왕은 제멋대로 날뛰었다. 양왕은 사람을 시켜 원왕 등 공신 10여 명을 모살했는데, 그들이 경제가 자신을 후계자로 세우는 데 반대한다는 것이 이유였다.

이 일은 경제와 양왕의 불화에 불씨가 되었고 양왕 유무는 결국 답답해하다가 죽었다. 양왕이 죽은 뒤 양나라는 쪼개져서 양, 제천濟川, 제동濟東, 산양山陽, 제음濟陰, 이렇게 다섯 개의 소왕국이 되었다.[29]

양왕 유무가 죽고 1년 반 뒤 주아부가 무고를 당하여 수감됐다.

사법관이 물었다. "제후는 왜 반역을 꾀했습니까?"

주아부가 대답했다. "내가 반역을 꾀했다는 증거가 있습니까?"

사법관이 말했다. "지금 반역하지 않더라도 죽은 뒤에 지하에서 반역을 계획했겠죠."

해명할 길이 없는 주아부는 죽음을 맞을 수밖에 없었다.

한 시대의 명장이었던 주아부는 닷새 동안 단식하다 피를 토하고 죽었다. 한 경제가 이렇게 잔인한 수단을 쓴 것은 한 무제의 등극을 준비하기 위함이었다. 경제가 주아부의 뒷모습을 보며 이런 말을 한

29 『사기』 「양효왕세가梁孝王世家」 참고.

적이 있다. “저런 사람을 어린 군주가 어찌 통제할 수 있겠나!”[30]

주아부가 죽고 1년쯤 뒤에 경제가 서거하고 무제가 즉위했다. 역대 조상들은 이미 갖가지 명석을 깔아놓고 그가 충분히 실력을 발휘하기만을 기다리고 있었다.

30 『사기』「강후주발세가」 참고.

제2장

유가만 숭상하다

수상한 유가 숭상

신유생

벼슬길이 곧 탄탄한 미래

모욕을 당하거나 죽거나

부활한 진나라 정치

유가도 아니고 법가도 아니고 주류도 아닌

공손홍公孫弘의 발탁은 표면적으로는 유학 덕분이었지만,
유생이자 문관인 그가 중용될 수 있었던 것은
정치도 알고 일상 행정 업무도 알았기 때문이다.

수상한 유가 숭상

한 무제는 중요한 결정을 내렸다. 백가를 배척하고 유가만 숭상하기로 했다.

천추만대에 걸쳐 영향을 미친 큰 사건이었다. 이때부터 중화 제국에는 국가의 이데올로기라는 것이 생겼고 항구 불변의 핵심 가치도 생겼다. 또한 이로써 제도로서의 제국도 2000여 년간 안정적으로 연속되었다.

물론 진나라 제도와 정책도 한나라 제도와 정책으로 바뀌었다.

무제의 조상들이 유가를 좋아하지 않았으므로 그리 쉬운 일은 아니었다. 유방의 경우, 유생만 보면 반사적으로 모자를 벗고 그 안에 오줌을 눴다. 유가를 숭상하다니, 무제는 하늘에 있는 조상들로부터 노여움 사는 일이 걱정되지도 않았던 것일까?[1]

더 성가신 쪽은 두태후였다. 두태후는 경제의 어머니이자 무제의

1 『사기』「역생육가열전」 참고.

할머니다. 할머니가 좋아하는 것은 황제黃帝와 노자老子라고 들은 만큼, 경제와 두씨 일가는 '어쩔 수 없이 노자를 읽고 그 술법을 숭상해야 했다.'[2]

그 결과 풍파가 닥쳤다.

하루는 두태후가 원고轅固라는 유생을 불러들여 『노자』를 강의해달라고 했다. 그런데 원고는 입을 삐죽거리며 말했다. "그것은 하인들이나 읽는 책입니다."

두태후는 불같이 화를 내며 원고를 돼지 사육장으로 보내 돼지를 잡으라고 시켰다. 이 소식을 들은 경제는 몰래 사람을 보내 원고에게 잘 드는 칼을 건네주었다. 돼지를 잡아봤을 리가 없는 유생은 잘 드는 칼 덕분에 쉽게 돼지를 잡아 겨우 목숨은 부지할 수 있었다.[3]

태황태후의 입장이 이리 추호와 같은 분위기에서 유가를 숭상하는 일이 어찌 수상하지 않을 수 있겠는가?

수상한 게 당연했다.

실제로 한 무제는 진짜 유교도인 적이 한 번도 없었고 순수한 유교도는 더더군다나 아니었다. 한 무제는 샤머니즘을 숭배했고 혹리酷吏를 중용했다. 모두 유가에서 찬성하는 일이 아니다. 한 무제가 대대로 유생을 모집했을 때 대신 급암汲黯이 면전에서 직언을 올렸다. "폐하의 내면에는 욕망이 가득한데 인의仁義를 중시하는 척하실 필요가 뭐가 있습니까?"[4]

2 『사기』「외척전상外戚傳上」 참고.
3 『사기』「유림외전儒林外傳」 참고.

마찬가지로 두태후도 진짜 도교 신자나 순수한 도교 신자는 아니었다. 두태후와 여태후 이후 제국의 통치자는 황로黃老를 숭상하고 형명刑名을 중시했다. '형'은 형법이고 '명'은 명교名教다. 형법은 법가에서 요구하는 것이고 명교는 유가의 주장이다. '황로형명'이라 함은 우선 유가 순자학파의 주장에 따라 군신의 명분을 확립한 다음 법가의 주장에 따라 법에 의거하여 나라를 다스리고, 마지막으로 『노자』에서 주장하는 것처럼 청정무위清靜無爲를 하고 황제처럼 아무것도 하지 않으며 천하를 잘 다스리는 것이다.

한나라 초기 통치 단계에는 제가諸家의 사상이 뒤섞여 있었음을 알 수 있다. 두태후 등이 원하는 것도 노자가 주장하는 소국과민小國寡民은 아니었고 장자가 주장하는 무정부주의는 더더욱 아니었다. 그렇지 않으면 봉건제도가 옳았을 것이고 반대로 군현제가 틀렸을 것이다.

물론 절대 그럴 가능성은 없었다.

가능한 것은 무위이치無爲而治를 펼쳐 백성과 휴식을 취하는 것이었다.

휴식은 필수였다. 7년간 치른 초·한 전쟁 이후 전국 각지는 온통 상처투성이였다. 성은 파괴되었고 비옥했던 논밭은 황폐해졌으며 인구는 급감하고 백성의 생활은 도탄에 빠졌다. 남은 호적이라곤 열에 두셋이 전부였다. 황제가 타는 전용 마차도 말 네 마리의 색깔을 똑같이 맞출 수 없었고, 문무 관리들은 소가 끄는 수레를 탈 수밖에 없었다.

4 『사기』「급정열전汲鄭列傳」 참고.

그래서 고제, 혜제, 문제, 경제 네 황제는 모두 엄격히 절약하고 청정함을 추구했다.

따라서 무제가 즉위할 때는 국고에 식량과 돈이 가득 쌓여 있었다. 논밭에는 소와 말이 떼를 이루고 있었으며, 백성의 생활도 풍족했다. 상류사회에서는 타고 다닐 암말 외에 말이 없으면 창피하고 망신스럽게 여길 정도였다.

좋지 않은가? 굳이 뭐하러 고생해서 제도를 바꾸는가?

중앙정부의 청정무위 덕분에 민중은 혜택을 입었다. 그러나 이것은 반대로 중간 계층, 특히 군대를 보유함으로써 자신의 지위를 강화하고 한 지역을 할거하는 제후왕이 횡포를 부리는 데 편의를 제공하기도 했다. 언론의 자유를 얻은 모사와 책략가, 신분의 자유를 얻은 망명자들은 여러 왕국으로 옮겨 다니면서 혀를 놀리며 풍파를 일으켰다.

제국이 어찌 이를 용인할 수 있겠는가!

실제로 무제와 관료들이 최우선으로 공략한 대상은 신불해申不害, 상앙商鞅, 한비韓非, 소진蘇秦, 장의張儀 등 말로 국정을 어지럽히는 자들이었다. 앞의 셋은 법가이고 뒤의 둘은 종횡가다.[5]

이렇듯 백가는 배척했지만 도가는 배척하지 않았다. 사실 제국의 집권당도 여전히 법가들이었다. 다만 법가라는 사상적 무기를 장악할 수 있는 것은 통치자 측이었다. 민간인들은 법가의 언어로 중앙정

5 『사기』「평준서平準書」 참고.

부에 맞설 수 없었다.

백가를 배척하자는 입장에 대해서는 의견이 분분했던 모양이다. 사실 무제 쪽에서도 제자백가를 근절할 생각이 없었다. 사람이나 군사를 보내 민간에서 소장한 책을 소각하지도 않았다. 그들이 정말 없애려고 한 것은 정권에 악영향을 미치는 종횡가였다.[6]

물론 두태후도 동의했다. 워낙에 청정함을 좋아하는 두태후가 공연히 생트집을 잡아 일을 벌이는 종횡가를 고운 눈으로 봤을 리가 없다.

그러면 한 무제 정권이 유가만 유독 떠받든 것은 역사적으로 사실인가 아닌가? 사실이다. 유학만이 관학官學으로 확립되어 확고한 지존의 위상을 가짐으로써 사상·문화 영역의 대장이 되었고, 제자백가는 유가와 어깨를 나란히 할 수 없었다.

문제는 왜 하나의 사상만 떠받들었느냐는 점이다.

통일한 제국에는 통일된 사상이 필요했기 때문이다. 이 점은 진시황도 인식한 바가 있다. 게다가 진시황의 분서와 한 무제의 유가 숭상은 그 동기와 논리가 매우 유사하다. 천하가 혼란스러운 것은 사상이 자유롭고 언론이 일치하지 않기 때문이라는 것이다. 어렵사리 법령을 하나로 통일했는데 의론이 분분해서야 되겠는가?

천하를 통일하면 백가쟁명이 있어서는 안 된다.

이것이 진시황과 한 무제의 일치된 견해였다. 다만 진시황은 대상

6 『한서』「무제기」 참고.

을 잘못 골랐고(법가 숭상) 조력자를 잘못 찾았으며(관리를 스승으로 삼음) 잘못된 방법을 택한(분서갱유) 반면 한 무제는 길을 바로 잡았다.

유학이 왜 통치 사상에 적합했을까?

유가가 군주제도를 옹호했기 때문이다. 이 부분은 법가도 마찬가지다. 그런데 법가는 논리가 없으면서 절대적인 권위, 음모와 계략, 엄한 형벌과 법률(법가에서는 세勢, 술術, 법法이라고 한다)만 내세우는 방식으로 옹호했다. 그렇기 때문에 법가의 도는 패도覇道였고 법가의 정치는 가혹했으며 전제적인 제도와 형벌로 다스렸다. 그 결과가 어떠했나? 진나라는 2대 만에 망했다.

유가는 달랐다. 왕도王道로 인정仁政을 베풀고 예법을 중시했으며 덕치를 펼쳤다. 다시 말해 유가는 이치에 맞게 군주제도를 옹호했고 인간미도 있었다. 이런 통치는 국민이 받아들일 수 있다. 국민이 받아들이면 정권이 견고해진다. 군주와 국민이 다 만족하면 상생이 실현된다.

게다가 유가 학설은 소농경제小農經濟, 종법宗法사회와 예악禮樂의 전통 등 뿌리가 탄탄했다. 이런 측면에서 볼 때 유학이 국가의 이데올로기가 되는 것은 거의 피할 수 없고 대체할 수 없었다. 또한 유학이 지존의 위상을 얻고 사람들 마음속에 깊이 자리 잡자 제국 시대의 핵심 가치도 생겨났다.

바로 삼강오륜이다.

그런데 유가 학설과 제국의 제도가 원래 충돌하는 면이 있다는 게 문제였다. 원시 유가, 특히 공자는 봉건제도를 주장한 반면 제국의 제도는 군현제였다. 그렇다면 한 제국이 유학만 숭상했을까?

신유생

양한兩漢의 역사 무대에 신유학이 상륙했다.

신유학의 대표 인물은 동중서董仲舒[7]다.

동중서는 고금의 혼란한 국면을 다스리는 대책을 적으라는 한 무제의 책문策問을 통해 황제의 눈에 들었다. 이 대책에서 동중서는 사상의 대통일을 통해 정치의 대통일을 유지하자는 주장을 제기하며 "육예六藝 과목(고대 중국에서 행해지던 예禮, 악樂, 사射, 어御, 서書, 수數의 여섯 가지 교육 과목—옮긴이)과 공자의 학술을 익히지 않는 자들은 모두 그 길을 끊고 들어오지 못하게 하자"고 강력히 건의했다.

바로 백가를 배척하고 유가만 숭상하자는 것이었다.

이로 인한 공로와 과실, 옳고 그름도 동중서의 몫으로 돌아가곤 한다.

그러나 사마천 시대에 동중서는 위상이 그리 높지 않았다. 동중서

7 동중서에 관해서는 이중톈 중국사 9권 『두 개의 한나라와 두 개의 로마』 참고.

는 여러 유생 중 한 명으로 간주되어 『사기』에서 다른 사람과 함께 기록되어 있다. 동중서는 반고班固의 시대에 가서야 두각을 나타내며 최고의 유학자로 추앙된다. 동중서의 '천인삼책天人三策'도 역사책에 기록되어 역사적 전환을 가져온 획기적인 사건이 되었다.[8]

무슨 의미인가?

유가만 숭상하는 것이 한 무제 때의 일만이 아니고, 동중서 혼자만의 공은 더더욱 아니라는 뜻이다. 실제로 동중서의 신유학은 국가의 이데올로기가 되기까지 기나긴 과정을 거쳤다. 그 지대한 영향도 후대에 가서야 드러났다. 한 무제 시대의 역사를 다시 쓴 것은 신유학이 아니라 신유가 또는 신유생이었다.

신유생의 대표 인물은 숙손통과 공손홍이다.

숙손통은 원래 진나라의 박사였다가 2세 시대에 궁중에서 일하기 시작했다. 이는 진시황이 분서는 했지만 갱유(유생들을 파묻음)는 하지 않았다는 의미이기도 하다. 분서의 목적은 문화에 있었다. 섬멸이 아니라 독점하려는 것이었다. 따라서 진승오광의 봉기 이후에 계책을 묻기 위해 진 2세에게 불려온 것은 유생들이었다.

유생들은 공론가들이다. 그들은 군사를 보내 진압하자는 대책을 내놨다.

그 말을 들은 2세는 얼굴이 파래졌다.

숙손통이 얼른 나서서 말했다. "천하가 통일되어 전국 각지가 한

8 『한서』「동중서전」 참고.

가족이고 명군이 위에, 법령이 아래에 있는데 누가 반역을 일으키겠습니까? 좀도둑질 수준이겠지요."

2세의 용안이 확 펴졌다.

조정에서 물러나온 다른 유생들은 군주를 속이고 아첨했다며 숙손통을 질책했다. 숙손통이 대답했다. "거짓을 고하지 않으면 목숨이 붙어 있겠소?"

그리하여 숙손통은 항량項梁에게 붙었다가 나중에는 또 유방을 따랐다.

주인을 바꾼 숙손통은 모습도 바꿨다. 조금도 주저함 없이 유생의 옷을 벗고 초나라 사람의 짧은 옷으로 갈아입었다. 유방에게 추천하는 인재들도 죄다 살인과 약탈 등 악행을 일삼는 무리들이었다. 아무튼 한나라 유방의 군영에 등장한 숙손통은 전혀 유가스럽지 않았다.

이렇게 유방이 제위에 오를 때까지 버틴 숙손통은 결국 기량을 뽐낼 기회를 잡았다. 한 고조 7년 10월에는 숙손통이 제정한 조정의 의식이 황제가 있는 장락궁長樂宮에서 시범적으로 거행됐다. 원래 규칙에 무지했던 공신들은 처음으로 황제 앞에서 몸 둘 바를 몰라 했고, 유방도 황제가 되는 게 어떤 기분인지를 그제야 제대로 맛봤다(자세한 내용은 이중톈 중국사 3권 『창시자』 참고).

유방은 숙손통에게 포상을 내렸다.

정작 숙손통은 "신의 학생 100여 명이 좌우에서 따르며 조정의 의식을 제정하는 데 참여했으니 폐하께서 그들에게 재능을 펼칠 곳을 허락해주셨으면 합니다"라고 말했다.

유방은 또 그들을 낭관郎官으로 임명했다.[9]

앞서 말했듯이 유방은 유생을 싫어하고 유가라면 질색했지만 숙손통이 유방의 생각을 바꾸게 했다. 한 고조 12년 11월 유방은 최상의 예의를 갖춰(가축을 제물로 바침) 공자에게 제사를 지냈다.[10]

이때쯤 한 무제의 유가 숭상은 이미 기초가 닦인 상태였다.

그러면 숙손통은 어째서 성공했을까?

그가 신유생이었기 때문이다. 숙손통은 시대가 변했으니 유학도 시대와 발을 맞추어야 한다는 사실을 잘 알고 있었다. 과거에는 방국邦國을 위해 존재했지만 이제는 제국을 위해 일해야 한다. 방국의 군주들은 귀족이었지만 지금의 국가 원수는 평민이다. 귀족은 예의에 익숙하다. 반면 평민 황제인 유방과 그 부하들이 유학을 받아들이게 하는 것은 쉽지 않았다.

그래서 그는 기다려야 했다.

기다림에는 믿음과 인내가 필요한데 숙손통은 이 두 가지를 다 겸비하고 있었다. 숙손통은 유가의 방법으로는 천하를 차지하는 것이 도저히 불가능하며 천하를 다스리려면 넉넉한 재물과 수완이 필요하다는 사실을 잘 알았다. 중앙집권을 이룬 이후 군신이나 부자父子 같은

9 『사기』 「유경숙손통열전劉敬叔孫通列傳」 참고.
10 『한서』 「고제기高帝紀」 참고.

관념과 제도는 소용없는 것이 아니라 반대로 쓸모가 크다는 것도 잘 알았다.

다만 남의 비위를 잘 맞추고 유연하게 적당히 처리해야 했다.

그래서 유방이 남정북전南征北戰에 나설 때 숙손통은 절대 온화하고 교양 있게 행동하지 않았다. 마찬가지로 유방이 조정의 의식이 어렵지 않느냐고 물었을 때 숙손통은 "폐하가 원하는 대로 하시라"고 즉각 대답했다. 나중에 리허설을 할 때 유방도 어렵지 않다고 여겼다. 사실 복잡한 부분들은 없애고 간단히 조정한 것뿐이었다.

결과적으로 모두가 좋아했다. 원래 숙손통에게 의문을 품었던 사람들도 태도를 바꿔 숙손통을 '당대에 중요한 일이 뭔지 아는' 진정한 성인聖人이라고 불렀다.

성인인지 아닌지는 말하기 어렵지만 고지식하지 않고 부패하지 않았던 것은 사실이다.

공손홍도 마찬가지였다.

동중서와 함께 한 무제의 눈에 든 공손홍은 옥리도 지냈고 돼지도 키워봤다. 조정의 관리가 되었을 때는 이미 60세가 넘어서 교활한 늙은 간신이라고 불렸다. 공손홍은 한 무제가 가짜 유가라는 사실을 잘 알았다. 그래서 궁전에서 대책을 논할 때마다 실무적인 주장을 제기하면서 경전을 인용하고 유학으로 그럴듯하게 포장해서 한 무제가 아주 마음에 들어했다.

공손홍은 필살기가 하나 더 있었다. 처리하기 어려운 일을 만나면 화통하게 급암이 먼저 입을 떼게 하고 자신은 따라갔다. 급암이 한 무제 쪽에서 난관에 부딪히면 공손홍은 바로 말을 바꿨다. 이런 일이 반복되자 인내심이 한계에 다다른 급암은 한 무제 앞에서 공손홍의 기만성을 폭로하고 불충하다고 비난했다.

공손홍이 대답했다. "신을 이해하는 사람은 충성스럽다고 생각하고, 이해하지 못하는 사람은 불충하다고 생각합니다."

한 무제가 웃었다.

한번은 급암이 또 공손홍을 까발렸다. "공손홍은 삼정승의 위치에서 높은 녹봉을 받으면서도 무명 이불을 덮을 정도로 교활합니다."

한 무제가 다시 공손홍에게 어떻게 설명할 것이냐고 물었다.

공손홍이 대답했다. "급암의 말은 사실입니다. 신은 어사대부(부총리 겸 감찰부 부장)라는 관직에 있으면서 무명 이불을 덮어 명예를 탐낸다는 혐의를 면하지 못하는 것이 사실입니다. 폐하께서 공개적으로 조사해보시면 전 조정의 문무관 중에 신과 사이가 가장 좋은 사람이 급암일 것입니다. 그런데 오늘 급암이 조정에서 신을 질책하고 신의 급소를 찔렀습니다. 신은 인정합니다. 더군다나 급암이 없으면 폐하께서 그러한 사실을 어떻게 아시겠습니까?"

그 결과 한 무제는 공손홍을 더 중시하게 되었다.

원삭元朔 5년 11월에 한 무제는 공손홍을 평진후平津侯로 봉했다. 이

때 공손홍은 이미 승상에 올라 있었다. 전한의 관례에 따르면 열후라야 재상이 되고 그다음에 제후에 봉해질 수 있었다. 공손홍은 전례를 깨고 재상과 제후에 봉해졌다. 제후로 먼저 봉해진 뒤 재상에 오른 것은 이전에는 모두 공신이었다. 이 점이 더 중요하다. 공손홍 때부터 유가 학도들이 재상이 된 후 제후로 봉해질 가능성이 생겼다.[11]

그건 동중서가 바라던 일이기도 했다.

11 『사기』「평진후주보열전平津侯主父列傳」, 『한서』「공손홍복식아관전公孫弘卜式兒寬傳」 참고.

벼슬길이 곧 탄탄한 미래

동중서와 공손홍이 전한 신유가의 양대 대표 인물인 것은 확실하다. 이론가인 동중서는 '왜 유가만 숭상해야 하는가'라는 물음에 대답했고 행동파인 공손홍은 '어떻게 해야 유가만 숭상할 수 있는지'의 문제를 해결했다.

어떻게 가능할까?

벼슬길을 독점하는 것이다.

그러면 근본을 장악할 수 있다. 알다시피 제국과 방국에는 중요한 차이점이 있다. 방국은 귀족정치이고 제국은 관료정치다. 제국의 중앙정부와 지방 조직은 모두 관원이 황권을 대리했다. 관원들이 전부 유생이라면 유학의 독존적 지위는 흔들릴 수 없었다.

그러나 한 고조의 권력 기관은 원래 군정부였기 때문에 벼슬길을 독점하는 것이 쉽지 않았다. '제후로 봉해지지 않고서는 재상으로 임명될 수 없다'는 것은 군인의 정권을 지키겠다는 뜻이었다. 유혈의 희생을 치르고 일군 강산을 어찌 유생에게 양보할 수 있겠는가?

문제는 군인정치가 곧 귀족정치라는 것이었다. 제국의 관원들이 언제까지나 공신과 세가들의 자제라면 중앙집권은 실현될 수 없다. 따라서 문관 정부가 세워지는 것은 시간문제였는데, 다만 서서히 추진했을 뿐이다.

공손홍은 먼저 교육을 장악하는 방법을 썼다.

이미 평진후로 봉해진 승상 공손홍은 박사를 위해 제자를 두자고 청하는 상서를 올렸다. 박사는 진·한 제국의 학술관료이자 기술관료로 황제의 고문 역할을 담당했다. 의사결정권과 행정권은 없었지만 어전회의에 종종 참석하며 발언권과 영향력을 행사했다.

이때 제자백가를 연구하던 박사들은 퇴출된 상태여서 황제의 고문단에는 오경박사만 남아 있었다. 오경은 유가의 경전인 『시詩』 『서書』 『역易』 『예禮』 『춘추春秋』다. 오경박사를 위해 제자를 두는 것은 사실 국가의 힘과 경비를 동원해 유가의 후계자를 양성한다는 것이었다.

공손홍은 주도면밀하게 계획하고 치밀하게 계산했다.

오경박사는 황제의 고문이면서 태학太學의 교관이었다. 따라서 박사의 제자란 태학생이었다. 태학생들은 입학하면 매년 한 번씩 시험을 치렀다. 성적이 우수하면 관官이 될 수 있었고 성적이 보통이면 이吏가 될 수 있었으며 낙제하면 퇴학이었다.

이러다보니 동중서의 건의로 설립된 태학은 당시의 유일한 최고 학부인 동시에 제국의 관원 양성 기지가 되었다. 유가의 고등교육을 받은 젊은이들이 권력 기관에 대거 진입하고 고위직에 올랐다. 이로써 간부진의 구조가 바뀌었고 스타일도 고상하며 점잖아졌다.[12]

군인 정부가 선비 정부로 바뀌기 시작했다.

최고 통치자들은 변화에 만족했고 박사 제자의 정원도 점점 증가하기 시작했다. 무제 때 50명, 소제昭帝 때 100명, 선제宣帝 때 200명이 안 됐던 정원이 원제元帝 때는 1000명이 되었고 성제成帝 때는 3000명에 달했다.

해마다 수천 명의 유생이 각급 정부에 들어가니 어떤 국면이 펼쳐졌을지 상상이 간다. 적어도 유가만 숭상하자는 것이 더 이상 빈말은 아니었다.

아울러 통치 집단과 지식 계층 사이에도 거래가 성사됐다.

지식 계층은 선비다. 춘추 시대 이전까지 최하위 계층의 귀족이었고 진·한 이후에는 최고위 계급의 평민이었던 선비는 전국시대와 초·한 무렵에는 불안정 요소로 떠올랐다. 선비는 특징상 지식과 교양, 기예는 갖췄지만 산업이 없었다. 이들은 털처럼 필히 살갗에 빌붙어 있어야 했다. 살갗이 없으면 난리가 났다.

전한 초기의 상황이 그랬다. 천하가 통일되자 각지의 제후에게 빌붙어 있던 많은 선비가 실직하고 취업 준비 상태가 되어 어디로 가야

12 『한서』「무제기」, 『사기』「유림열전」, 『자치통감』 권19 참고.

할지를 모른 채 민간을 떠돌았다. 적절히 배치하지 않으면 범증范增, 진평, 괴통蒯通이 또 튀어나오지 않으리라 장담할 수 없었다. 그러면 엉망진창이 될 터였다. 실제로 한 무제가 즉위한 뒤 가장 먼저 '신불해, 상앙, 한비, 소진, 장의'의 후예들을 해임한 것은 그 부류의 숫자가 궁중에 지나치게 많았기 때문이다.

그런데 이제 이 문제가 해결됐다. 한 무제와 공손홍은 얌전해진 선비들에게 "제국은 최고의 살갗이고 벼슬길이 최고의 미래다. 공자를 숭상하고 경전을 읽으면 재상이 되고 제후에 봉해져 부귀영화를 누리며 조상과 가문을 빛낼 수 있다"고 말했다.

물론 이것은 매수였다.

제국이 한 일이라곤 유생을 매수한 것뿐이지만 이는 출중한 전략이라고 할 수 있다. 유가에서는 군주에 충성하고 애국할 것을 주장하기 때문이다. 실제로 그 후, 왕조 말기임에도 반란에 참여하는 선비가 매우 적었다. 또한 유가사상은 한 번도 반란자들을 하나로 응집시킨 적이 없었다. 적미赤眉, 황건黃巾, 백련교白蓮敎, 태평천국이 모두 그랬다.

따라서 2000여 년이 지나 왕조 교체가 불가피해졌지만 제국의 제도는 굳건했다. 마찬가지로 유가는 벼슬길을 절대적으로 독점할 순 없었어도 다른 학파들을 정치권에서 몰아내는 데는 성공했다. 훗날 성행하기 시작한 현학玄學과 불학佛學도 유가의 대장 지위를 넘보지는 못했다.

양쪽 모두에게 수지가 맞는 거래였다.

유가가 지식과 충성을 바치니 제국은 관직과 녹봉을 개방했고, 유가가 생존 공간을 확보하는 한편 제국은 나라의 기둥을 얻었다. 유가는 이데올로기를 통제할 수 있게 되었고 제국은 이데올로기를 통치 도구로 탈바꿈시켰다.

독존의 위상을 얻은 쪽은 독점을 하고 지존의 자리에 있는 쪽은 가지고 놀게 되었으니, 거래가 당연히 성립됐다.

하지만 불평등한 거래이기도 했다.

제국이 유가사상에 따라 나라를 다스리겠다고 약속하긴 했지만 현실적으로 왕도를 행할지 패도를 행할지는 전혀 유생 마음대로 할 수 없었다. 왕도를 쓸 만큼 쓰면 자연히 온화하고 교양 있는 방식으로도 태평성세를 이룰 수 있었다. 그러나 뭔가 순조롭지 않으면 대판 싸움이 벌어지고 대량 살인도 일어날 수도 있었다.

어쨌든 제국은 자기 뜻대로 하며 안면을 바꾸고 말을 바꿀 수 있지만 지식 계층은 악마의 계약을 반드시 이행해야 했다. 이후로는 영혼을 내놓고 더 이상 사상의 자유를 누릴 수 없었다. 또한 이렇게 단체로 매수된 까닭에 중국 지식계는 이후 긴긴 세월 동안 무수한 시련과 학대를 당해야 했다.

따라서 이것은 또 다른 형태의 '분서갱유 프로젝트'였다.

그렇다. 유가의 숭상과 분서갱유는 수단만 달랐지 본질적인 차이가 없었다. 둘 다 사상을 통일하는 것이 목적이었다. 다만 진시황은 위협을 가했지만 한 무제는 이익을 내세워 회유했고, 진시황은 국민의 독서를 불허했지만 한 무제는 한 종류의 책만 읽게 했다. 그 결과 진시황은 실패하고 무제는 성공했다.[13]

그런데 한 무제의 성공에 덕을 본 쪽은 유가가 아니라 법가였다. 살인으로 사상을 통일하는 것은 불가능하고 마음을 죽여야 한다는 사실을 법가는 잘 알았다. "제일은 마음을 금하게 하는 것이고 다음은 말을 금하게 하는 것이며, 그다음은 일을 금하게 하는 것太上禁其心, 其次禁其言, 其次禁其事"[14]이란 말에서도 알 수 있듯이 사람을 죽이는 것이 가장 마지막이다.

반대로 사람의 마음을 매수하는 것은 최저의 비용으로 최고의 효과를 볼 수 있는 방법이다. 법가가 겉과 속이 다른 '양면삼도兩面三刀'를 주장했음을 기억해야 한다. 삼도는 절대적인 권위, 음모와 계략, 엄한 형벌과 법률이고 양면은 상과 벌이다. 진시황은 벌을 사용해 분서를 했고 무제는 상을 사용해 유가를 숭상했다. 하지만 유가에 특별한 자격을 주었다고 해서 다른 사람들이 무기를 휘두를 수 없다는 뜻은 아니었다.

그러면 한 무제의 법가는 어떤 모습이었는지 살펴보자.

13 구제강顧頡剛의 『진한의 방사와 유생秦漢的方士與儒生』 참고.
14 『한비자』 「설의說疑」 참고.

모욕을 당하거나 죽거나

우선 사망자 명단 하나를 살펴보자.

건원建元 2년, 어사대부 조관趙綰이 하옥되어 자살하다.
원광元光 4년, 위기후魏其侯 두영竇嬰이 살해되다.
원삭元朔 2년, 제왕의 신하齊相 주보언主父偃이 살해되다.
원수元狩 4년, 전장군前將軍 이광李廣이 자살하다.
원수 5년, 승상 이채李蔡가 하옥되어 자살하다.
원수 6년, 대사농大司農 안이顔異가 살해되다.
원정元鼎 2년, 어사대부 장탕張湯이 자살하다.
원정 2년, 승상 장청적莊青翟이 하옥되어 자살하다.
원정 5년, 승상 조주趙周가 하옥되어 자살하다.
천한天漢 3년, 어사대부 왕경王卿이 자살하다.

정화征和 2년, 승상 공손하公孫賀가 하옥되어 사망하다.
정화 3년, 승상 유굴리劉屈氂가 하옥되어 요참을 당하다.
후원後元 원년, 어사대부 상구성商丘成이 자살하다.

이상 13인은 모두 한 무제 시기에 비정상적으로 죽었는데 그중 승상이 다섯 명, 어사대부가 네 명이다. 명단에는 없지만 태자 유거劉據와 황후 위자부衛子夫, 새로운 태자(한 소제)의 모친인 구익부인鉤弋夫人도 있다. 일부는 한 무제의 포악한 위세 때문에 죽었고, 일부는 한 무제의 엄한 법률 때문에 죽었다.

이광李廣을 예로 들어보자.[15]

오랫동안 변경에서 나라를 지킨 이광을 흉노들은 '한나라의 날아다니는 장군'이라고 불렀다. 흉노를 생포한 전적이 있는 명사수 영웅이었고 흉노가 오랫동안 침범하지 못하게 만들기도 했다. 한 문제는 이광이 시대를 잘못 타고 태어났다고 한탄하기도 했다. 문제는 이광이 고제 때 태어났으면 후작 중 최고 등급인 만호후萬戶侯에 봉해지는 건 일도 아니었을 것이라고 말했다.

그러나 이광은 자살에 내몰렸다.

이광은 사실 한 무제에게 살해됐다. 한 무제에게 직접적인 책임이 있는 것은 아니지만, 원수 4년에 무제가 막북지전漠北之戰을 개시했을 때 대장군 위청衛青과 표기장군 곽거병霍去病이 병사를 이끌고 흉노를

15 이광 사건은 『사기』 「이장군열전李將軍列傳」 참고.

공격했고 이광은 전장군前將軍으로 임명됐다. 이때 이미 60세가 넘었던 이광은 최후의 눈부신 영광을 무척이나 얻고 싶었다.

그런데 전장군인 이광이 받은 명령은 동쪽 길로 가서 대군에 합류하라는 것이었다. 이 이상한 명령의 배후에는 사실 다른 원인이 있었다. 한 무제는 몰래 위청에게 이광은 홀수, 즉 운수가 안 좋다고 경고했다. 외로운 별은 운명을 따르는 법이니, 이광에게 선봉을 맡기면 불길할 것 같다는 말이었다.

한 무제의 한마디로 이광의 앞길이 끊겼다.

그런 와중에 위청도 사심이 있었다. 위청은 자기 쪽 사람을 최고의 수훈자로 만들고 이광은 옛날의 진승처럼 만들었다. 갈 길은 험하고 길을 안내해주는 사람도 없어 방향을 잃은 이광의 부대는 정해진 지점에 제시간에 도착할 수 없었고, 법률에 따라 군사법정의 조사를 받거나 재판을 받아야 했다.

마음에 찔리는 구석이 있었던 위청은 이광을 위해 사정을 봐주려 했으나 이광이 협조하려 들지 않았다. 이광이 말했다. "나는 늙어서 이젠 법정에 못 가네." 그러곤 칼을 뽑아 자결했다. 이 소식이 전해지자 전 군대가 울었다. 소식을 들은 백성도 울었다.

그러면 이광은 왜 자살을 할지언정 상소를 하지 않았을까?

제국의 법정과 감옥이 몹시도 공포스러웠기 때문이다. 강후絳侯 주발周勃이 구치소에서 석방됐을 때 마음이 두근거리는 상태에서 한 말이 있다. "나는 100만 장병을 두고 고위 관직에 있지만 옥리의 위세를 오늘에서야 알았다."16

제국은 율법도 극도로 가혹하고 엄했다. 운중태수雲中太守 위상魏尙은 생명의 위협을 무릅쓰고 전쟁에서 혁혁한 공을 세웠지만 적을 죽이고 상부에 보고한 수치보다 윗선에 전달한 적군의 머리가 여섯 개 모자라는 바람에 하옥되어 벌로 고된 노동에 시달렸다. 무인들 중 절반 이상은 교육 수준이 낮으므로 누구나 할 수 있는 실수였는데 제국은 트집을 잡았다.17

위상 때의 황제는 한 문제였고 문제는 관대하고 인자하기로 정평이 나 있었다. 그럼에도 조사를 받은 관원과 장수가 숫자 한 번 틀렸다고 법의 제재를 받았는데, 무제의 시대에는 어땠을까? 대부분이 가혹한 관리였던 제국의 법관이 이광의 상대가 됐을까?

그래서 재판을 받으면 치욕을 피할 수 없었다.

선비는 죽을 순 있어도 치욕을 당할 순 없는 법, 이광은 죽음을 택했다.

치욕을 택한 사람은 사마천이다.

사마천은 이릉李陵 때문에 재난을 당했다. 이릉은 이광의 장손이다. 이광이 자살하고 19년 뒤에 이릉은 이사장군貳師將軍 이광리李廣利를 따라 기련산祁連山으로 출정했고 명령을 받들어 보병 5000명을 인솔하여 흉노의 병력을 유인했으나 8만 명에게 포위되었다. 이릉은 8일간

16 『사기』「강후주발세가」 참고.
17 『사기』「장석지풍당열전張釋之馮唐列傳」 참고.

혈전을 벌였으나 지원군은 오지 않고 화살과 식량이 떨어져 어쩔 수 없이 투항했다.

이릉의 실패는 엄연히 이광리의 부적절한 지휘와 미흡한 지원 때문이었다. 하지만 한 무제의 손위 처남인 이광리가 책임을 추궁당하지 않은 것은 당연했다. 반대로 이릉을 위해 나서서 바른말을 한 사마천은 다른 속셈이 있는 것으로 취급당했다.

그래서 한 무제는 사마천을 하옥시키고 법으로 처리했다.

사마천은 사형 판결을 받았다. 당시의 법조항에 따르면 사형은 보석금으로 풀려날 수 있었고 부형腐刑으로 대체할 수도 있었다.

부형은 궁형宮刑이라고도 한다. 이 형벌을 받는 경우 남자는 거세했고 여자는 질을 손상시켰다. 너무 잔인하고 남자든 여자든 참을 수 없는 형벌이라 한 문제 때는 한동안 폐지됐다. 하지만 얼마 안 가서 부활됐고 수隋 문제文帝 즉위 첫해에 가서야 완전히 폐지됐다.

애석하게도 사마천이 만난 이는 수 문제가 아니라 한 무제였다. 사마천은 육체의 고통과 정신적인 모욕을 감내할 수밖에 없었다. 형벌을 받은 후 사마천은 '창자가 하루에도 아홉 번씩 뒤집어질 만큼' 몹시 불안하고 등에 땀이 났으며 정신이 멍해져서 한동안 영혼이 없는 산송장처럼 지냈다.[18]

이런 고통을 한 무제가 알았을까?

알았을 수도 있고 몰랐을 수도 있다. 중요한 것은 알 필요가 없었

18 사마천의 「보임안서報任安書」 참고.

다는 점이다. 상대에게 고통을 주겠다는 것이 한 무제의 입법 정신이었으니까. 더 잔인한 것은 한 무제가 제도를 설계한 방식이었다. 죽든지 모욕을 당하든지 둘 중 하나였다. 돈이 많지 않은 이들은 존엄성과 생명 중 양자택일을 할 수밖에 없었다.

이런 개뼈다귀 같은 것이 무슨 법제인가?

이런 혹형이 있었다는 것은 민족의 커다란 치욕이다. 이렇게 보면 법치도 믿을 만하지가 않다. 그 법이 왕의 법이고 제왕이 나라를 다스린다면 법치도 전제專制가 될 수 있다. '법에 의한 전제'라는 것만 다를 뿐이다. 아무도 인권을 보장받지 못하며 누구도 존엄성을 가질 수 없다.

덕치와 유가는 더더욱 믿을 수 없다.

사마천이 공자를 경모한 것은 확실하다. 사마천은 공자를 지성至聖이라고 부르며 "산이 높으면 우러러보지 않을 수 없고 큰 행실은 그칠 수 없다. 비록 이를 수는 없어도 마음이 그곳을 향한다高山仰止, 景行行止, 雖不能至, 心向往之"라며 진심으로 찬양했다.[19] 안타깝지만 이 위대한 성인이 되살아난다 해도 제국의 통치자를 어찌 하지는 못했을 것이다. 아무리 유가만 숭상하는 시대였어도 말이다.

무엇보다 한 무제가 진짜로 유가를 숭상하기나 했는가? 무제에게 진정으로 환영을 받은 것은 신유생도 아니고 도필리刀筆吏였다.

19 『사기』「공자세가孔子世家」 참고.

부활한
진나라 정치

도필리의 대표 인물은 장탕張湯이다.[20]

장탕은 타고난 법관이었던 것 같다. 어린 시절 장탕이 혼자 집을 지키고 있을 때 쥐가 집에 있는 고기를 물고 갔다. 이를 알게 된 아버지께 혼이 난 장탕은 땅을 3척(약 1미터)이나 파 내려가 쥐를 생포했고 장물도 압수했다. 어린 장탕은 쥐를 묶어놓고 매질을 가하며 쥐에게 죄를 물으며 조서를 작성했다. 찍찍거리는 구두 자백을 기록하여 결국 쥐의 죄를 증명하고는 마루 밑에서 능지처참에 처해버렸다.

이 일로 장탕의 아버지는 그를 다시 봤다. 장안長安 현승縣丞(부현장)이었던 장탕의 부친은 아들이 법률을 배우도록 했다. 학업을 마친 장탕은 전문 법관이 되어 최하위 법원의 사무원부터 시작해 제국의 최고 감찰 관원인 어사대부까지 지냈다.

한편 장탕은 전한의 유명한 혹리酷吏이기도 했다.

20 장탕과 다른 혹리들에 관한 이야기는 별도의 주석이 없는 한 모두 『사기』「혹리열전酷吏列傳」 참고.

혹리는 법을 가혹하고 엄하게 집행하는 관리이며 그 반대는 순리循吏라고 한다. 혹리는 아주 옛날부터 있었다. 여태후 시대에는 후봉侯封이 있었고 문제와 경제 때는 질도郅都가 있었으며 무제 때는 영성寧成, 주양유周陽由, 조우趙禹, 장탕, 의종義縱, 왕온서王溫舒, 윤제尹齊, 양복楊僕, 감선減宣, 두주杜周 등 긴 명단을 뽑을 정도로 '극성수기'였다.

물론 그만한 원인이 있다.

원인은 복잡하고 혹리들도 저마다 스타일이 달랐다. 왕온서는 죽은 뒤 재산이 엄청났던 반면 윤제는 재산이 50금金이었고 장탕은 말 다섯 필을 살 수 있는 정도였다. 장탕과 윤제가 법을 왜곡하긴 했어도 뇌물을 받지는 않았음을 알 수 있다. 이들은 혹리인 동시에 청렴한 관리였다.

사실 장탕은 둘이었다. 좋은 관리 장탕과 혹리 장탕(이 두 장탕은 동일인이지만). 좋은 관리로서의 장탕에 대해서는 4장에서 다시 언급하기로 하고 여기서는 혹리 장탕에 대해서만 이야기하겠다.

혹리 장탕이 남긴 대표작은 '안이顔異 사건'이다.

살해되었을 당시 안이의 관직은 대사농大司農이었다. 대사농은 구경九卿(한나라 때 아홉 대신의 관명—옮긴이) 중 하나로 한 제국 중앙정부의 장관이었다. 국가의 재정과 경제를 담당했고 물가, 국고, 토지, 교통 운송과 소금·철의 독점 판매도 관리했다. 안이는 화폐 문제로 한 무제에게 미움을 샀다.

원수 6년 한 무제와 장탕은 백록피폐白鹿皮弊라는 새로운 화폐를 발명했다. 구체적으로 말하면 1척 크기의 정방형 백록 가죽 사방에 수초를 수놓은 것으로 40만의 가치가 있었다. 한편 왕후 종실이 황제를 알현할 때는 백록피폐로 싼 옥벽玉璧을 바쳐야 절을 할 수 있도록 새로운 규정을 만들었다.

대사농 안이는 반대했다. 옥 하나는 몇천 원밖에 안 되는데 그 받침에 40만 원을 써야 한다니, 본말이 전도된 것이 아니냐는 이유였다.

한 무제는 불쾌했다.

그래서 장탕이 안이를 옥에 가두고 '마음속으로 황제를 욕한 죄', 즉 복비죄腹誹罪라는 죄명으로 사형에 처했다. 마음만 먹으면 구실이야 만들면 그만인 죄명이지만 이마저도 성립될 수 없었다. 안이는 공개적으로 백록피폐에 찬성하지 않았으므로 윗사람을 기만하거나 아랫사람을 속이지 않았는데 어찌 마음속으로 황제를 욕했다고 할 수 있겠는가?

또한 군주와 신하의 의견이 일치하지 않는 것은 당연하다. 재정대신인 안이가 경제정책에 대해 발표하는 견해는 적법할 뿐 아니라 공정하고 합리적이었다. 안이를 사형에 처하려면 건수를 만들어 트집을 잡아야 했다.

그런데 뜻밖에도 장탕이 증거를 찾았다. 한번은 안이를 찾아온 손님이 대화하는 도중에 조정의 정책에 대해 불만을 표했다. 당시 안이는 아무 말도 하지 않고 입술만 움찔거렸다. 장탕은 이것이 마음속으로 황제를 욕한 것이라고 기소했다. 군주를 속이고 마음속으로 반역을 꾀한 대역무도를 범했으므로 천만번 죽어도 마땅하다는 것이었다.[21]

한 무제는 흡족했다.

이것은 법치가 아니라 엄연히 전제였다. 혹은 법제를 통한 전제였다. 법제는 유가와 마찬가지로 장식품에 불과했다. 하지만 어차피 필수적으로 장식이 필요하다면 법률을 아는 사람이 공범자가 되어야 했다.

이런 필요에 따라 '도필리'가 생겼다.

도필리는 제국의 사법 관리다. 종이가 발명되기 전에 법관과 서리書吏들은 구두 자백을 기록하고 판결을 할 때 죽간에 붓으로 썼다. 잘못 쓰거나 고쳐야 할 때는 칼로 벗겨내고 다시 썼다. 이들은 칼과 붓을 장악해 쓰고 싶은 대로 쓰고 고치고 싶은 대로 고쳤다. 그래서 도필리라고 불렀다.

그러면 도필리가 글 장난을 칠 가능성이 있었을까?

있었다. 유방 시대에는 약법삼장約法三章이 전부였던 한나라의 법령이 무제 시대에 가서는 359장으로 늘었다. 그중 죽을죄에 관한 법령이 409조, 1882항이고 판례가 1만3472건이었다. 법령이 많아서 전문가들도 다 보지 못할 정도였으니 법을 모르는 일반 관리와 민중은 말할 것도 없었다.

21 『사기』「평준서」 참고.

그 결과가 어땠을까? 제국의 사법이 일개 도필리들의 손바닥에서 놀아났다. 사람을 살리고 싶으면 천 가지 이유를 대서 죄명을 벗겨주었고 죽이고 싶으면 만 가지 판례를 참고했다.[22]

도필리는 염라대왕이 되었고 법치도 인치人治로 변했다.

그러자 법을 집행하는 관리의 도덕성과 가치관의 방향성이 매우 핵심적인 요소가 되었다. 동중서는 측은지심이 있었던 것 같다. 동중서는 친족 간에는 서로 잘못을 숨겨주는 '친친상은親親相隱' 등의 유가 윤리에 따라 많은 사람의 목숨을 구제했다. 동진東晉 시기까지도 동중서의 판례를 인용해서 자신의 억울함을 호소하는 사람이 있었다.[23]

그런데 더 중요한 건 최고 통치자의 성향이다.

사법의 공정성을 주장한 이는 한 무제의 증손 한 선제였다. 선제는 과거에 서리가 법을 집행할 때 온갖 궁리를 다해 사람들에게 마음대로 죄명을 부여한 것은 짐의 부덕이라는 조서를 내렸었다. 판결이 불공정하여 악인은 요행을 바라고 호인은 무고하게 죽임을 당하는데, 임금은 결코 그런 결과를 바라지 않는다는 내용이었다.[24]

한 선제가 이런 말을 한 이유가 있다. 실제로 한 무제는 진시황과 마찬가지로 엄격하고 가혹한 형벌과 법령을 좋아했다. 무제가 실행하려는 것은 철혈鐵血 정책이었다. 그런 까닭에 그의 통치에서 진나라의 정책과 관리의 모습이 다시 살아났다.

 두주의 예를 들어보자.

22 『한서』「형법지刑法志」 참고.
23 판원란範文瀾의 『중국통사中國通史』 등 참고.
24 『한서』「형법지」 참고.

두주는 장탕보다 더 무시무시했다. 두주는 제국의 최고 사령 행정 장관(정위廷尉) 시절에 1년간 1000여 건의 사건을 수리했다. 큰 사건에는 수백 명이 연루됐고 작은 사건에도 수십 명이 관계되어 사건과 관련된 사람이 총 16~17만 명이었고, 하옥된 2000석 관료(성급 간부)가 100명 이상이었다.

이렇게 많은 사건을 어떻게 처리했을까?

간단하다. 한 무제는 공격해 밀어내려는 대상이 있으면 고문을 가해 강제로 자백을 받아내고 무고한 사람에게 죄를 덮어씌워 죄를 인정하도록 강요했다. 반면 눈감아주려는 사람은 슬금슬금 벗어나도록 도와주었다. 호해胡亥와 조고趙高도 그렇지 않았는가?

두주의 문객조차 못 봐줄 정도의 처사였다. 당시 제국의 법률은 3척 길이의 죽간에 적혀 있어서 삼척지법三尺之法이라고 불렀다. 문객이 물었다. "대인의 직책은 정의를 주관하는 것인데 삼척을 기준으로 하지 않고 전적으로 윗선의 뜻에 따라 취사선택하시니, 법관이 그렇게 하는 자리입니까?" 두주는 코웃음을 치며 말했다. "뭐가 법이고 법이 아니란 말인가! 삼척지법이 어디에서 나왔는가? 선제가 인정하신 것이 곧 법률이고 군주가 허락한 것이 법령이네. 법에 따른다고? 법이 뭔지 어디 말해보게나."

황제가 곧 법이었다.

그러면 세상에 공의라는 것이 있었을까?

유가도 아니고 법가도 아니고 주류도 아닌

천하에 공의가 있어야 한다고 주장한 사람은 급암이었다.[25]

급암은 한 무제 때 주작도위主爵都尉라는 최고의 직위를 맡았다. 열후에 작위를 봉하는 일을 담당하는 중앙정부의 관원인 주작도위는 구경 중 하나로 국무회의 참석자에 해당되며 엄청난 대우를 누렸다.

공손홍이나 장탕과는 큰 차이가 있다. 급암이 구경의 자리에 있었을 때 공손홍과 장탕은 별 볼일 없는 말단 관리에 불과했다. 하지만 훗날 공손홍은 승상(국무총리)에 올랐고 장탕은 어사대부(부총리급)에 앉았다. 한 명은 재상과 제후로 봉해지고 다른 한 명은 삼공의 자리에 앉았는데 급암만 제자리였다.

급암은 이 일에 대해 별로 개의치 않았다. 급암이 한 무제에게 말했다. "나중에 온 자일수록 더 위로 올리시다니, 폐하께서는 어찌 땔나무를 쌓듯이 사람을 쓰십니까('후진이 오히려 윗자리에 오르다後來居上'라는

25 급암의 사적事迹에 관해서는 별도의 주석이 없는 한 『사기』「급정열전」 참고.

고사성어가 바로 여기서 비롯됐다)!"

한 무제는 아무 말이 없었다.

사실 두 사람이 윗자리로 오를 수 있었던 것은 한 무제가 땔나무를 쌓으려고 해서가 아니라 이들이 황제의 마음을 정확하게 파악했기 때문이다. 한 무제가 유가로 겉모습을 치장하려고 하자 공손홍이 실력도 없이 허세를 부렸고, 한 무제가 형법으로 일벌백계를 하려고 하자 장탕이 법조문을 왜곡하여 죄를 뒤집어씌웠다. 한 명은 호인의 역할을 맡고 다른 한 명은 악역을 감당하니 훌륭한 연극이 연달아 이어졌다.

사실은 한 무제도 그렇게 할 수밖에 없었다. 진나라는 가혹한 정책을 펼친 결과로 나라가 뿔뿔이 흩어지며 반란이 일어났다. 그래서 유가만 숭상하고 어진 정치를 표방해야 했다. 한나라는 관대한 정책을 펼친 결과 죄인들이 법망을 빠져나갔다. 그래서 혹리를 중용하고 권위를 세워야 했다.

한 무제 때는 이렇게 양쪽을 동시에 강경하게 추진했다.

그런데 급암은 유가도 반대하고 법가도 반대했다.

급암이 보기에는 유가도 법가도 취할 것이 못 되었다. 신유생들은 대부분 겉과 속이 다르고 아첨하며 비위를 맞추기에 열을 올렸고 잔머리를 굴렸다. 공손홍이 대표 주자다. 한편 도필리들은 글 장난을 치며 남을 이기기에 바빠 무고한 사람을 마구잡이로 죽이고 충신을 모함했다. 장탕이 대표 주자다. 그래서 급암은 공손홍도 반대하고 장탕도 반대했다.

급암이 공손홍에 대하여 폭로한 사건은 앞서 이야기했고, 급암은 장탕도 마찬가지로 털끝만큼도 봐주지 않았다. 한번은 급암이 한 무제의 면전에서 정위 직위에 있는 장탕을 호되게 꾸짖기까지 했다. "정경正卿이란 사람이 위로는 나라를 부유하게 하지 못하고 아래로는 백성을 안정시키지 못하면서 고황제의 약법을 멋대로 바꾸다니 자손이 끊길 것이 두렵지도 않은가?"

이에 대응해 장탕은 급암의 말을 꼬치꼬치 따지며 트집을 잡았다.

결국 급암은 인내심이 폭발했다. "어쩐지 다들 도필리에게는 고관을 맡기면 안 된다고 하더니. 역시나군! 역시나야! 장탕이 말한 식으로 하면 세상에 어깨를 펴고 걷거나 다른 사람의 눈을 똑바로 쳐다볼 수 있는 사람이 없을 것입니다!"

공의 따위는 있을 턱이 없었다. '간쟁을 막기에 충분한 지모와 잘못을 가리기에 충분한 언사를 지닌' 장탕답게 관리의 품행을 정비한다는 명목을 내세우면서 실제로는 총애를 받는 자리를 확고히 하며 권력을 휘둘렀다.

한 무제가 그 점을 두려워하지 않는 사실을 급암은 알 리가 없었다. 한 무제가 원하는 것 또한 공의가 아니라 패도였으며, 그것을 왕도로 잘 포장해야 했을 뿐이다. 따라서 한 무제는 인재 등용에 대한 관념이 급암과 달랐고 계급관념도 달랐다.

급암이 고귀한 출신이긴 하다. 원래 위나라 사람으로 조상 대대로 경대부卿大夫를 지냈다. 이런 귀족이 돼지나 기르던 공손홍이나 말단 관리 출신인 장탕을 존중해줄 턱이 있었을까? 급암의 눈에는 다 소인小人들이었다.

그러나 한 무제는 소인을 써야 한다는 사실을 급암은 생각하지 못했다. 제국은 방국이 아니었기 때문이었다. 방국은 귀족의 시대였고 군자의 시대였다. 반면 제국은 평민의 시대이고 소인의 시대였다. 이 역사의 흐름은 되돌릴 수 없었다.

유방이 바로 소인이 아니던가? 한신과 진평도 그렇지 않은가?

무엇보다 한 무제에게는 공신의 자제들에게서 권력을 빼앗겠다는 계획이 있었다. 그러려면 귀족이 아니라 평민의 힘이 필요했고 군자가 아니라 소인의 도움이 필요했다. 공손홍과 장탕이 비천하고 원칙 따위는 안중에도 없으며 군주의 비위를 맞추는 데 정신이 팔린 소인이었던 것은 사실이다. 그런데 제국은 바로 이런 사람을 원했다.

귀족 정신과 군자의 기풍을 간직한 이는 급암밖에 없었다.

급암은 겉과 속이 같았다. "속마음에는 욕심이 많으면서 겉으로는 인의仁義를 행하는 척한다"는 급암의 명언은 바로 조정에서 한 무제를 직접 보고 한 말이다. 당시 조정에 있던 모든 사람은 얼굴이 새파랗게 질렸지만 정작 급암은 후회하지 않았다. 급암이 말했다. "천자는 아첨이나 하라고 관리들을 세우는 것입니까? 위험하다고 하여 조정을 욕보일 수 있겠습니까?"

흔치 않게 한 무제는 급암에게 몇 번이나 양보하고 예우를 갖췄다. 대장군 위청衛青이 왔을 때는 변기에 앉아서 만났고 승상 공손홍이 왔을 때는 관모도 쓰지 않고 만났다. 반면 급암이 궁에 들면 한 무제는 반드시 옷을 단정히 하고 반듯하게 앉았다. 미처 의관을 갖출 여유가 없을 때는 불손한 모습을 보이지 않기 위해 휘장에 들어가 숨었다.

급암의 인격을 존중한 처사였다.

이렇게 급암을 존중한 한 무제에게 우리도 경의를 표해야 한다.

급암도 존중받을 만했다. 원수 2년에 투항하러 온 흉노 혼야왕渾邪王을 맞이하기 위해 조정은 민간에서 말을 빌렸으나 수량이 부족했다. 장안 현령이 무능하다고 여긴 한 무제가 칼을 뽑아 참수하려고 하자 급암이 담대하게 나섰다. "장안 현령은 죄가 없습니다! 저 한 사람만 죽이면 말이 생길 것입니다."

급암이 나선 이유는 당시 그가 장안 현령의 상관인 우내사右內史였기 때문이다. 아랫사람이 문책을 당하니 상관이 책임을 지는 것은 당연했다. 급암에게 이것은 고귀한 신분으로서 당연히 감당해야 할 일이었다.

 귀족 정신이란 목숨으로 뒷받침하는 것이었다.

사실 급암이 우내사를 맡은 것은 승상 공손홍의 음모와 계략 때문이었다. 우내사는 수도의 시장에 해당된다. 관할 지역에 온통 고관과 세도가들이었다. 관리하기도 어려울뿐더러 급암의 꼿꼿한 성격 때문에 사건이 터지기 십상이었다.

하지만 공손홍은 말 하나는 그럴듯했다. "이런 중임은 노련하게 국사를 계획할 수 있고 명성과 덕망이 높은 대신을 보내지 않으면 안 됩니다."

누가 군자이고 누가 소인인지, 빤히 보이지 않았을까?

한 무제도 당연히 알았다. 그래서 공손홍과 장탕이 급암을 죽도록 미워하고 한 무제 자신도 이를 갈았지만 결국 급암에게는 손을 쓰지 않았다. 그러고 보면 한 무제가 소인을 기용한 것도 마지못해서였거나 임시변통의 조치였던 것 같다. 마음속 깊은 곳에서는 그래도 군자를 존경했을 것이다.

한번은 중대부中大夫 장조莊助가 급암을 대신해 병가를 냈다.

한 무제가 물었다. "급암은 어떤 사람인 것 같나?"

장조가 말했다. "그 누구도 흔들 수 없는 사람입니다."

한 무제가 물었다. "맞네. 그 사람은 사직지신社稷之臣이라 할 수 있을 거야."

사직지신이란 국가와 동고동락하는 대신이다. '여씨들의 난'을 평정한 주발도 받아보지 못한 평가를 한 무제는 급암에게, 그것도 급암이

면전에서 한 무제에게 대든 뒤에 내렸다.[26]

한 무제는 역시 훌륭한 임금이었다.

급암이란 존재는 아마 별종이고 비주류였던 것 같다. 하지만 한 무제가 혼합형 정치를 펼쳤던 것은 확실하다. 그에게는 유가가 주장하는 덕치도 있고 법가가 주장하는 형치도 있으며 묵가가 주장하는 인치도 있었다. 급암이 묵가로 인정받지 못했고 설령 도가로 여겨졌다고 하더라도.

맞다. 한 왕조는 유가만 숭상하지는 않았다. 당시에도 그러지 않았고 이후에도 그러지 않았다. 한 무제 세력이 정말로 원한 건 중앙집권이었다.

26 『사기』「원앙조착열전」 참고.

상홍양桑弘羊도 당당할 이유가 충분했다.
권력을 이용해 사리사욕을 채우지 않았기 때문이다.
상홍양은 국가의 이익을 도모했고 중앙집권을 보호했으며 부국강병을 추구했다.
그가 부도덕했다고 말하려면 먼저 이 세 가지를 부정해야 한다.

제3장

고도의 집권

제국의 커튼콜

왕후를 어린양으로 만들다

원하는 건 돈보다 목숨

토착 세력을 제거하다

한 나라 두 정부

제국의 커튼콜

대제국이 중앙집권을 확립하는 것은 세계적인 추세였다.[1]

실제로 중국이 첫 번째 제국을 탄생시켰을 때 세계 무대에는 이미 여러 제국이 막을 내리고 무대 인사를 마쳤었다. 아시리아, 페르시아, 마케도니아는 진·한 이전에 있었고 그 이후에는 로마와 아랍이 있었다.

이들 모두가 대제국이었다. 아시리아는 서아시아와 북아프리카에 걸쳐 있었고 페르시아, 마케도니아, 로마와 아랍은 아시아, 아프리카, 유럽을 아울렀다. 특히 아시리아는 전 세계 '최초의 제국'이라고 부른다. 아시리아 덕분에 역사상 최초로 시리아, 페니키아, 이스라엘, 바빌론, 이집트와 엘람 등 수많은 민족과 국가가 한데 합쳐졌기 때문이다.

페르시아 제국도 굉장했다. 수도만 네 개나 되었고 이란 고원, 중앙

1 이 절에서 근거로 한 역사적 사실은 추이롄중崔連仲의 『세계통사』 「고대편」 참고.

아시아의 대부분, 인도 서북부, 서아시아 전체, 북아프리카의 이집트와 유럽의 트라키아 그리고 에게 해의 일부 섬이 모두 페르시아의 영역이었다.

그런데 아시리아 제국은 수명이 반세기밖에 되지 않았다.

마케도니아 제국은 수명이 더 짧았다. 국왕인 알렉산더의 재위 기간과 마찬가지로 딱 13년이었다. 페르시아 제국은 200년, 아랍 제국은 약 500년으로 수명이 길었다. 옥타비아누스가 왕위에 오를 때부터 서로마 제국이 멸망할 때까지 로마 제국도 약 500년간 존속했다. 그 뒤의 동로마 제국은 1000년의 수명을 누렸다.

이러한 로마 제국이나 아랍 제국도 중화 제국에는 견줄 수가 없다. 중화 제국의 역사는 2132년이다. 참 재미있는 사실이다.

로마와 아랍 제국의 성패와 득실은 나중에 다시 얘기하고 여기서는 아시리아, 페르시아, 마케도니아만 얘기하겠다.

마케도니아 제국은 사실 벼락부자였다. 페르시아 제국이 전성기에 이르고 중국이 전국 시기에 진입했을 때까지도 마케도니아는 미처 국가의 모양새조차 갖추지 못했다. 그런데 아르켈라오스 1세에서 필리포스 2세에 이르는 단 80년 만에 마케도니아는 강력한 왕국으로 성장해 그리스를 정복했다.

알렉산더는 왕국을 제국으로 바꿨는데, 그것도 거의 거저먹기였다.

물론 알렉산더의 능력이 대단하기도 했지만 운명의 선물이라고 해도 과언이 아니었다. 그리스가 쇠퇴하고 페르시아는 내란에 휘말렸으며 인더스 강 유역에는 여러 국가가 흩어진 모래알처럼 빽빽이 들어섰다. 알렉산더가 파죽지세로 동정서벌東征西伐을 추진한 것은 마른 풀과 썩은 나무를 꺾는 수준이었다.

마케도니아는 세상을 정복할 운명이었다.

아시리아도 상황은 비슷했다.

최초의 제국인 아시리아도 새로 떠오른 스타로 유프라테스 강과 티그리스 강 사이에서 발원했다. 두 강 유역의 중하류는 커다란 충적평야로 그리스인들은 '메소포타미아'라 불렀고 북부는 아시리아, 남부는 바빌로니아라고 했다. 이 바빌로니아는 다시 북부가 아카디아, 남부가 수메르로, 남과 북으로 나뉘었다.[2]

메소포타미아 문명은 남쪽에서 북쪽으로 흥기했다. 제일 먼저 등장한 것은 도시국가인 수메르로 시기는 중국의 신화시대였다. 그다음은 중국의 하夏 왕조에 등장한 바빌론 왕국이다. 아시리아가 발전할 때 중국은 동주 시기였다.

아시리아, 바빌론, 아카디아, 수메르는 점점 더 강성하게 발전하여 후발 주자의 우세를 제대로 보여주었다.

그러나 아시리아의 세계 정복은 전적으로 무력을 통해 이뤄졌다. 통치 또한 마찬가지로 잔학하기가 진나라보다 더하면 더했지 못하지 않았다(이중톈 중국사 3권 『창시자』 6장 참고). 그 결과 그들의 제국은 그들

2 메소포타미아란 원래 두 강 유역의 북부를 지칭했으나 이후 충적평야 전체를 가리키게 되었다.

의 문명과 함께 멸망했고 결코 부활하지 못했다.

육가가 유방에게 했던 "천하는 말 위에서 얻을 수 있지만 말 위에서 다스릴 순 없다"는 말이 증명된 셈이다.

페르시아 제국은 조금 달랐다.

페르시아 제국도 갑자기 발전했다. 중국이 춘추시대 중반에 들어설 무렵 부락 연맹에서 바로 왕국이 되더니 1대 국왕 키루스Cyrus 때 제국으로 변모했다. 중화 민족은 1800년을 들여서 완성한 과정을 페르시아는 단숨에 건너뛴 것이다.

다행히 페르시아인들은 순전히 무력에만 의존하지는 않았다.

4대 황제 다리우스Darius는 개혁가였다. 진시황처럼 국도와 고속도로를 건설했다. 수사Susa에서 소아시아 사르디스Sardis에 이르는 주 간선도로는 전체 길이가 2400킬로미터였고 또 하나의 중요한 도로는 서쪽의 바빌론부터 시작해 이란 고원을 가로질러 동쪽의 박트리아와 인도 국경까지 이르렀다. 이것은 다리우스의 거동궤車同軌다.(수레바퀴의 폭을 통일한 진시황의 정책과 같다는 말—옮긴이)

마찬가지로 다리우스는 통일 제국에는 통일된 사상이 필요하다는 사실도 잘 알았기 때문에 조로아스터교(배화교拜火教)를 국교로 확립했다. 그러나 정신적으로 의존하는 대상으로 삼았을 뿐, 신하와 백성에게 신앙으로 강요하지는 않았다. 이것은 다리우스판 유가 숭상이다.

다리우스는 진시황과 한 무제를 합친 인물이었다.

또한 다리우스는 세계 역사상 최초로 통일된 화폐 제도를 제정해 중앙정부는 금화, 주州는 은화, 자치도시는 동화를 주조하도록 정했다. 이에 비해 마케도니아 제국은 페르시아의 금화와 그리스의 은화를 섞어서 사용했는데 상업에는 유리했지만 권력을 집중시키는 데는 불리했다.

세 가지 화폐를 동시에 유통하고 행정 등급별로 주조한 덕분에 다리우스는 긴축과 완화 정책을 여유롭게 펼칠 수 있었다.

이 점에서 페르시아 제국이 군현제를 실시했다는 사실도 증명된다. 다만 군을 사트라피아Satrapia라고 불렀을 뿐이다. 한자로 번역하면 성省이고 20~30개가 있었다. 중국 춘추전국 시기에 국가를 멸망시켜 군현으로 바꾼 것처럼 바빌론, 이집트, 인도 등 대부분이 페르시아가 멸망시킨 국가였다.

페르시아 제국의 주州에는 각 주에 총독(성장)이 한 명, 주 군관구 사령관이 한 명 있었다. 주 군관구의 상급은 대大군관구로 총 다섯 개였다. 대군관구는 주 군관구를 통할했고 총사령관은 페르시아 황제였다.

주의 총독과 사령관은 서로 예속되지 않고 황제가 직접 관리했다. 총독은 황제의 특파원이었고, 그 옆에는 황제의 눈과 귀를 담당하는 황실의 비서가 주재하고 있었다. 또한 황제는 비정기적으로 각지에 순시원을 보내 공개적, 비공개적으로 관찰하고 조사하여 사회 상황과

민심을 보고하도록 했다.

수직 관리를 실시하는 군·정의 두 체계와 군·정이 병립하는 지방 행정 제도가 있고, 황제가 정한 종교와 사방으로 통하는 편리한 도로가 있으며 길가에 역참驛站과 병참兵站이 빽빽이 설치되어 있으니 페르시아는 중앙집권을 이룬 대제국이라고 할 수 있다.

그러면 다리우스들의 세상은 오래도록 견고했는가?

그렇지 않았다.

기원전 334년에 마케도니아 군대가 페르시아를 침입했다. 4년 뒤, 다리우스 3세가 패배하고 사망하자 페르시아 제국은 영원히 회복되지 못했다.

왜 그랬을까?

물론 여러 측면에서 이유를 찾을 수 있다. 이를테면 그리스와 반세기 동안 전쟁을 치르며 많은 인력, 재정, 물자를 소진했다. 제국 후기에는 주 총독이 군관구 사령관을 겸임하곤 했는데 중국 당나라 말기의 번진藩鎭(중국 당나라 때의 절도사節度使—옮긴이)의 할거와 아주 비슷하다. 서부 각 주의 총독은 심지어 군대를 연합하여 반란을 일으켰기 때문에 중앙집권이 유명무실해졌다.

그런데 더 큰 문제는 제국 자체에 있었다.

사실 페르시아 제국은 지나치게 방대했고 구조는 아주 복잡했다.

 이집트, 바빌론, 엘람, 페니키아, 이스라엘, 그리스, 인도 중 어느 하나도 자체적인 언어와 문자, 문명이 없었는데 어찌 강권 정책만으로 한 울타리에 통합할 수 있었겠는가? 거동궤는 가능했을지 몰라도 서동문書同文(문자의 통일)은 불가능했을 것이다.

페르시아 제국은 사실 통치의 기반이 취약했다.

마케도니아는 기반이 더 약했다. 방대한 제국이 거의 전적으로 한 사람에게 달려 있었기 때문이다. 따라서 알렉산더가 죽자 그의 제국은 마케도니아-그리스, 프톨레마이오스(이집트)와 셀레우코스(시리아) 등 독립 왕국으로 분열되어 다시는 이들을 재결합할 힘을 갖지 못했다.

이런 힘을 보유한 것은 중화 제국이었다.

중화 제국이 이런 힘을 가질 수 있었던 것은 제국 이전에 방국이, 군현 이전에 봉건이 있었기 때문이다. 방국제 또는 봉건제의 중요한 부분은 제후의 나라와 대부의 집이 모두 천자天子에게 속했다는 데 있다. 이렇게 천하에 공통의 군주가 있으니 문화 정체성을 이루기가 어렵지 않았다. 동일한 문명으로 기초를 닦으니 통일 대제국으로 발전하는 것이 순조로웠다. 적어도 영정嬴政이나 유방이 황제라는 칭호를 사용한 것이 하늘에서 페르시아 황제나 마케도니아 황제가 떨어지는 것보다 훨씬 더 쉽고 안정감도 있었다.

무엇보다 그 전의 춘추전국이 제국의 탄생을 준비하고 있었다.

하나의 군주, 문화 정체성, 500년의 준비 기간은 아시리아, 페르시아, 마케도니아에는 없었던 것이다. 그래서 중화 제국은 초반에는 갈

등이 없지 않았고 봉건제를 해야 할지 군현제를 해야 할지에 대해서도 논쟁이 일었지만 항우의 분봉 정책은 실패로 끝났고 한신과 영포英布도 알렉산더 사후의 프톨레마이오스나 셀레우코스가 될 수 없었다. 중앙집권이라는 대세는 이미 정해졌고 한 무제에게는 동성의 제후왕들을 어떻게 처리하느냐의 문제가 남았다.

왕후를
어린양으로 만들다

동성의 제왕들은 봉건제도의 후유증으로 남았다.

유방의 의사결정이 잘못되었다고 할 수 없다. 어쨌든 서주의 봉건제도에서 진·한이 건국되기까지 800년이라는 역사를 거쳤으니까. 봉건과 방국은 제도의 우월성을 누리지 않은 적도 없었다. 무엇보다 공신들은 사례금이 필요했으므로 이성 왕을 봉하지 않을 수 없었고, 공백을 메워야 했기에 동성 왕들을 봉하지 않을 수 없었다.

무엇보다 분봉은 권력을 나누는 것일 뿐이지 분열이 아니었다. '왕국과 군현이 공존하는' 과도기가 있었기에 군현제를 직접 실시했던 페르시아 제국이나 진나라보다 상대적으로 안정적이었고 사분오열된 마케도니아 제국보다 훨씬 나았다.

그러나 분권을 하면 집권이 불가능하고, 집권을 하면 분권이 불가능하다. 제국과 방국은 상존할 수 없고 왕국과 군현도 양립할 수 없다. 왕국이 마음껏 발전하려면 흔들지 못할 정도로 꼬리를 키우면 안 된다. 따라서 동성 제후들에게 분봉한 것은 임시변통이었고 봉건제도를 뿌리 뽑는 것은 피할 수 없는 추세였다.

그렇다. 봉건제나 방국제는 이미 역사적 사명을 끝냈다. 뒤 물결이 앞 물결을 밀어내면 앞 물결은 백사장에서 죽어야 한다.

다만 안락사가 가장 바람직하다.

그래서 한 무제는 부드러운 칼을 뽑아들었다.

이 칼은 추은推恩이라고 한다.

추은법은 한 무제 원삭 2년에 실시한 정책으로 주보언主父偃이 설계했다. 주보언은 종횡가이고, 추은법은 그가 설계한 권모의 대표작이라고 할 수 있다. 구체적으로 보면 제후왕의 영토를 갈라서 그의 자제에게 봉하도록 했다. 바꿔 말하면 웅대한 황제의 은덕을 다음 세대까지 널리 추진한다고 해서 추은이라고 한다.

이 조치는 당연히 통했다. 제후왕의 자제들이 옹호했기 때문이다. 이 조치는 말하기도 좋았다. 부모는 자녀에게 자애로워야 하고 자녀는 부모에게 효성스러워야 한다는 유가의 부자자효父慈子孝 정신에 맞았기 때문이다. 또한 제국에도 매우 이로웠다. 제국은 병사를 하나도 쓰지 않았는데 제후의 실력이 약해졌기 때문이다.

그래서 한 무제는 즉시 채택했다.

그런데 아이러니하게도 이 아이디어를 낸 주보언은 삭번削藩을 강력히 주장했던 조착과 마찬가지로 무고하게 살해당했다. 또한 주보언을 죽이자고 적극적으로 주장한 이는 신유학파인 공손홍이었다.

공손홍은 왜 주보언을 죽이려고 했을까?

주보언이 일을 크게 만들었기 때문이다.

앞서 말했듯이 공손홍은 신유학파이고 주보언은 종횡가였다. 말썽을 일으키기를 좋아하는 종횡가답게 주보언도 조용히 있지 못했다. 주보언은 우선 연왕 유정국劉定國의 잘못을 들춘 다음, 제왕 유차창劉次昌도 처리했다. 죄명은 두 사람 다 음란죄였다.

그 결과 연왕과 제왕은 처벌이 두려워 자살했고 왕국은 중앙정부에 귀속됐다.

이 두 사람이 도리에 어긋나는 짓을 저질렀다고 해도 이상할 게 없었다. 칠국의 난 이후의 제후왕들은 왕국을 다스릴 권력도 없고 고위급 관리를 임명할 수도 없어서 실질적으로 정치적 권리를 평생 박탈당했다. 제국의 중앙정부에서 파견한 국상國相의 감시 아래 종일 배불리 먹는 것 외에는 할 일이 없었으니 음란이라도 하지 않으면 뭘 할 수 있었겠는가?

무엇보다 국왕이 죄를 지어 그 왕국을 빼앗는 것은 한 무제가 몹시 바랐던 일이었다.

따라서 한 무제는 주보언을 죽일 계획이 없었다.

반면 공손홍은 격앙되어 의견을 피력했다. 공손홍은 제왕을 죽게 만들고 나라를 망하게 한 이는 주보언이라면서 주보언을 죽이지 않으면 세상 사람들에게 할 말이 없다고 했다.

물론 한 무제 입장에서 제왕의 자살이 자신의 뜻에 꼭 맞아떨어졌다고 할 수는 없었다. 한신의 죽음에서 조착의 죽음까지 한나라 황제들은 토사구팽에 개의치 않았다. 이에 주보언은 멸족을 당했고, 그 시기도 원삭 2년이었다. 훗날 사마천이 공손홍과 주보언을 한 전기에 합쳐서 기록한 것은 더욱 의미심장하다.[3]

주보언은 죽었지만 추은법은 대대적으로 추진됐다.

추은법은 제후왕의 자제를 제후로만 봉할 수 있고 왕으로는 봉할 수 없다는 점에서 중요하다. 제후라는 작위는 한 무제가 정하고 봉국封國은 중앙정부로 귀속시켜 다시는 원래의 왕국에 속할 수 없게 되었다. 추은법의 최대 수혜자는 사실 한 무제였던 것이 분명하다. 이렇듯 한 무제는 교묘하게 제후국을 빼앗으려고 했다.

제후국을 빼앗는 최고의 방법은 당연히 트집을 잡아 죄를 다스리는 것이었다. 마침 무제는 매년 8월 종묘대제 때 제후와 열후들이 금을 바쳐 제사를 지원하도록 규정했다. 이를 주금酎金이라고 한다. 한 무제는 주금의 양이 부족하거나 순도가 좋지 않으면 제후의 작위를 취소하고 제후국을 회수했다. 그러면 분량이 충분한지 부족한지와 순도가 좋은지 아닌지의 여부는 누가 결정했을까?

한 무제였다.

3 주보언의 이야기는 『사기』 「평진후주보열전」 참고.

정말 편리한 방법이었다. 그 결과 원정 5년 한 해에만 주금 문제로 작위를 박탈당한 열후가 106명에 달했고 승상 조주趙周도 목숨을 내놓았다.[4] 그러나 무제 왕조를 마감할 때쯤엔 추은 때문에 제후에 봉해진 왕자도 총 175명이나 되었다.[5] 제후왕들의 살이 이렇게 한 점씩 떨어져나가 한 무제의 뱃속으로 들어갔다. 다만 추은이라는 절차를 거쳤을 뿐이다.

조직폭력배 사회의 돈세탁도 이런 식이 아닌가?

그러나 제후왕이 점점 줄어들어도 한 무제는 이들을 놓아주지 않았다. 무제 시기에 죄를 지어 없어진 왕국은 아홉 개였다. 그 명단은 아래와 같다.

회남왕 유안劉安, 자살하고 영토가 회수되다. 죄명은 모반이다.

형산왕衡山王 유사劉賜, 자살하고 영토가 회수되다. 죄명은 모반이다.

제천왕濟川王 유명劉明, 서민으로 강등되고 영토가 회수되다. 죄명은 살인이다.

연왕 유정국, 자살하고 영토가 회수되다. 죄명은 음란이다.

제여왕齊厲王 유차창, 자살하고 영토가 회수되다. 죄명은 음란이다.

강도왕江都王 유건劉建, 자살하고 영토가 회수되다. 죄명은 모반이다.

제동왕濟東王 유팽리劉彭離, 서민으로 강등되고 영토가 회수되다. 죄명은 살인과 강도다.

4 『한서』「무제기」 참고.

5 『문헌통고文獻通考』 권267 참고.

상산왕常山王 유발劉勃, 방릉房陵으로 유배하고 영토가 회수되다. 죄명은 예법 위반이다.

제북왕濟北王 유관劉寬, 자살하고 영토가 회수되다. 죄명은 근친상간과 저주다.

이 밖에 후대가 없어서 작위가 취소된 왕국도 넷이나 되었다.

절반 정도의 왕국이 없어졌고 대다수의 제후국도 없어졌다. 간신히 목숨을 부지한 왕국과 제후국들은 이미 군현과 다를 바 없었다. 봉건제의 후유증은 이제 우환거리가 되기엔 미약해졌고 제국이냐 방국이냐도 논쟁할 필요가 없어졌다.

실제로 이때쯤엔 자손이 없든지 죄가 있든지 죄다 가망이 없었다. 세습된 왕과 제후는 귀족의 자제에 불과했고 어릴 때부터 궁전에서 응석받이로 자라면서 경험도 없고 능력도 없었다. 명목상으로는 왕과 귀족의 후손이었지만 실제로는 쓸모없는 식충이었다. 한 무제에게 도살되는 어린양이 되는 것 말고는 다른 선택의 여지가 없었다.[6]

회남왕 유안劉安도 마찬가지였다.

오왕 유비를 제외하고 모반을 위한 자본이 가장 많았던 사람으로 유안을 꼽을 수 있다. 유안은 유방의 일곱째 아들 유장劉長의 아들로 완벽한 '유황숙劉皇叔'이었다. 유안 본인의 학문도 훌륭했고 수하에 인재도 많았다. 『회남자淮南子』가 바로 유안이 편집을 주관한 책이다. 그

6 이 절에서도 톈창우田昌武, 안쭤장安作璋이 편찬한 『진한사』 참고.

렇기 때문에 한 무제가 즉위한 직후부터 유안이 황제가 될 거라는 말이 끊이지 않았다.

유안 자신도 그렇게 생각했다.

그런데 어찌되었을까? 약 20년 동안 모반을 기획해놓고 눈 깜짝할 사이에 패망했다. 한 무제는 병사 하나 쓰지 않았고 죄를 물어 사건을 처리하라고 회남국에 관리를 보낸 것이 전부였다. 그 결과 사절이 도착하기도 전에 유안이 자살했다.[7]

칠국의 난을 회상하면 격세지감이 느껴진다.

당시에 유비劉濞의 기세는 얼마나 대단했고 제국의 정세는 또 얼마나 심각했던가. 당황해 어찌할 바를 모르는 상황에서 한 경제가 조착까지 죽이고 삭반령을 내린 와중에 유비는 변함없이 황제라 자칭하며 군사를 내보냈다.

그러면 유비는 왜 그렇게 광기를 부렸을까?

지방의 재정을 장악하고 민간 자본과 결탁했기 때문이다. 오나라 경내에는 구리광산과 큰 바다가 있었다. 유비는 산을 깎아 구리를 채집하고 바다를 끓여 소금을 만들었다. 그 결과 나라가 부강해졌다. 그래서 유비의 왕국에선 모든 백성이 세금을 면제받았고 병역에 복역하면 보조금이 주어졌다. 유비는 다른 곳에서 범죄를 저지른 도주범도 지원해주었다. 심지어 『수호전』의 시진柴進처럼 투항자나 적의 배신자를 받아주었고, 나쁜 사람과 악행을 감싸주는 것으로 유명했다.

7 『사기』「회남형산열전」 참고.

유비가 끌어모은 인재에는 당연히 당시의 민영 기업가, 즉 '화폐 주조 불량배'도 있었다(사실 염상도 포함해야 한다). 또한 '건달들'과 망명객도 있었다. 즉 유비는 분할된 세력, 민간 자본과 비정부 무장 세력을 한데 모았다.[8]

물론 이는 유비에게 돈이 많았기 때문이다. 재물이 많으면 성공하기 쉽고 돈이 많으면 귀신도 부리는 법이다. 사실상 정권에 권력이 없어서는 안 되고 총자루와 붓대도 없어서는 안 된다. 붓대가 있어야 문치文治가 생기고 총자루가 있어야 군사상의 공적도 생긴다.

하지만 돈주머니가 없으면 전부 허사다.

돈주머니를 다른 사람이 잡고 있어도 허사다.

한 무제는 경제 전선에서 투쟁을 벌여야 했다.

8 『사기』「오왕비열전」 참고.

원하는 건 돈보다 목숨

한 무제는 회남왕 유안이 자살하고 3년 뒤 경제체제 개혁을 전면적으로 추진했다. 이 사업을 담당한 이는 동곽함양東郭咸陽, 공근孔僅, 상홍양桑弘羊이었다. 이 3인을 이용한 경제개혁은 '상업으로 상업을 관리以商治商'한 것이라고 할 수 있다.[9]

실제로 전한 시대에는 상업이 발전했고 산업도 전반적으로 발달했다. 사마천이 발표한 부자 순위에 포함된 업종은 야금, 제염업, 물류, 식량, 목축, 고리대금, 도박, 소매업, 화장품, 음료, 철물, 육류 제품 등 아주 많았다.[10]

이윤이 가장 높은 것은 화폐 주조, 제철, 제염이었다.

따라서 개혁의 첫 단계는 이 세 산업을 국영화하는 것이었다. 그중 화폐 제조와 제철은 정부가 완전히 독점했다. 민간에서 대담하게 불법으로 화폐를 제조하는 이는 사형에 처했고 개인적으로 제철하는

9 이 절의 내용은 우샤오보吳曉波의 『2000년을 호령하다浩蕩兩千年』 참고.
10 『사기』 「화식열전貨殖列傳」 참고.

이는 중형에 처했다.

진정한 국유기업은 이때부터 시작되었다.[11]

제염업은 절반만 개방했다. 제염은 민간에서 하고 판매는 정부가 했다. 생산 비용은 민간에서 부담하고 생산 도구는 정부가 제공했으며 제품도 정부가 매입해서 독점 판매했다. 민관 공동 경영에 국가가 일괄 수매하고 일괄 판매하는 방식을 합친 형태였다.

21년 뒤에는 주류도 국가가 제조하고 독점 판매하는 품목으로 들어갔다.

이러다보니 민간과 이윤을 다투게 되어 커다란 불만이 초래됐다. 먼 훗날 상홍양 등은 호된 욕설을 들었다. 소동파蘇東坡는 상홍양을 몹시 증오했고 사마천마저 그를 욕했다.[12]

사실 이 개혁은 경제적인 의미만 있는 것이 아니라 정치적인 의미가 더 컸다. 구리 채굴, 제철, 제염은 모두 많은 인력을 필요로 하며 작업장도 깊은 산속이거나 해변이어서 정부의 역량이 미치지 못하니 통제력을 잃을 수밖에 없었다.

게다가 소금은 돈으로 바꿀 수 있고 철은 무기를 만들 수 있었으며 근로자들은 전사가 될 수 있었고 화물차는 전차로 개조할 수 있었다. 동전을 개인이 주조할 수 있으면 민영 탄광업자들이 반란을 도모하기가 쉽지 않았을까?

 금융을 독점하고 소금과 철을 독점 판매하려면 단순히 돈만 있어

11 이전에도 정부에서 운영하는 수공업장이 있었으나 대부분 궁정의 수요를 충족하기 위한 제품이라 판매는 하지 않았으므로 기업이라고 할 수 없었다.

12 소동파의 「사마천의 이대죄司馬遷二大罪」 참고.

서는 안 된다.

정말로 돈이 필요한 곳은 산민算緡이었다.

'민'은 1000전錢이고 '산'은 200문文이다. 산민이란 자산세를 징수하는 것이었다. 구체적으로 공상업자들이 재산을 신고하면 정부는 2민에서 1산을 뽑았다. 즉 10퍼센트의 소득세를 징수했다. 소규모 수공업자라면 세율이 5퍼센트였다.

이 명령이 발표되자 전국이 떠들썩한 가운데 딱 한 명만 호응을 했다.

그 사람은 복식卜式이었다.

복식은 목축업자로 일찍부터 제국에 돈을 기부했고 재산의 절반을 기부하겠다고 신청한 바 있었다. 이상하게 여긴 한 무제는 사자를 보내 물었다.

사자가 물었다. "관리가 되고 싶습니까?"

복식이 말했다. "아닙니다. 저는 양을 치는 사람이라 관리를 할 수 없습니다."

사자가 또 물었다. "하소연할 억울한 사정이라도 있습니까?"

복식이 말했다. "없습니다. 저는 인간관계가 좋아서 제게 누명을 씌운 사람이 없습니다."

사자가 다시 물었다. "그러면 대체 무엇을 위해서입니까?"

복식이 말했다. "나라를 사랑해서이지요!"

사자가 돌아가서 한 무제에게 보고했고 한 무제는 다시 공손홍에게 전달했다.

그런데 공손홍은 인지상정에 맞지 않는 사람이니 상대하지 말라고 대답했다.

한 무제는 복식을 무시했다.

그런데 산민법이 발표되자 부호들이 잇달아 재산을 은닉했던 반면 복식은 또 한 방에 20만을 내놓았다. 한 무제는 뜻밖의 기쁜 일에 어쩔 줄 모르며 이 애국 상인을 도덕의 본보기로 삼아 모두가 복식을 배우도록 했다.

아쉽게도 본보기의 힘이 무궁한 것은 아니어서, 여전히 아무도 재산을 신고하지 않았다.[13]

어쩔 도리가 없는 한 무제는 민전령을 발표하고 2년이 지나 다시 고민령告緡令을 발표했다. 고민이란 은닉 재산을 고발하는 것이고 고민령이란 고발자에 대한 장려 조례로, 금액은 고발당한 자의 재산 또는 자산세의 절반이었다.

이 정책은 혹리인 장탕이 설계한 것으로 전해진다.[14]

대사농 안이도 이해에 죽었다.

고민령이 반포되자 다른 사람의 재산을 고발하는 인민전쟁이 시작되었고, 중산층 이상의 가정 대부분이 고발을 당했다. 중앙정부는 혹리로 구성된 실무팀을 각지로 파견해 현장에서 재산 은닉 사건을 처리하도록 했다.

13 『사기』「평준서」 참고.
14 『사기』「혹리열전」 참고.

그 결과 사회의 부가 강제 '리셋'되었고 중산층이 단체로 파산했으며 민중의 저축과 투자 의욕이 급감했다. 모두들 돈이 생기면 재빨리 써버렸고 돌이킬 수 없는 신세가 될까봐 지레 겁을 먹었다. 국고는 당연히 차고 넘쳤다.

그러나 한 무제와 상홍양은 아직 성에 차지 않았다.

원봉元封 원년에 한 무제는 다시 상홍양이 설계한 균수법均輸法과 평준법平准法을 내놓았다. 균수는 정부가 각지의 특산품을 적정 가격에 수매한 다음 다른 지역으로 운송해 고가에 팔아 차액을 챙기는 것이다. 평준은 정부가 전국의 물자를 장악하고 통제해 저가로 사들이고 고가로 팔아 이윤을 조정에 귀속시키는 것이다.

물론 상홍양은 제조업에서 유통 분야로 손을 뻗었다. 어쩌면 상홍양은 금융과 소금, 철을 독점하는 데 만족하지 못하고 세계 최대의 상업망을 구축하여 제국 정부가 독점 경영을 하도록 만들고 싶었는지도 모르겠다.

한 무제는 세금도 거두고 경영권도 갖고 싶었다.

이 시기에 민간 자본의 모든 출로와 상공업자가 집안을 일으켜 부유해지는 문이 모조리 꽉 막혀버렸다. 제국 정부는 가장 크고 유일한 은행가, 기업가, 도매업자가 되었다.

이렇게 독점하고 패도를 행하니 애국 상인인 복식도 가만히 보고 있을 수가 없었다. 같은 해에 가뭄이 발생해 한 무제는 무관巫官에게 기우제를 지내도록 했다. 복식이 말했다. "기우제를 지낼 필요가 없습니다. 상홍양을 기름솥에 집어던지면 비가 내릴 것입니다."[15]

하늘에서 비가 왔는지 안 왔는지는 모르겠지만 복식이 총애를 잃은 것은 사실이다.

상홍양은 생전에도 사후에도 욕을 먹었다. 가장 심하게 비난한 이들은 유가였다. 참 특이한 일이다. 상홍양이 공격한 것은 상인들이기 때문이다. 상인들이 상홍양을 매우 증오한 것은 쉽게 이해가 되지만 항상 상인을 업신여기던 유생들은 왜 욕을 했을까?

게다가 유가에겐 경제 문제가 늘 약점이었기 때문에 도덕이라는 딱지를 내밀 수밖에 없었다. 또한 욕을 하다가도 돈 앞에서는 인의가 뒤처지는 법이라 민중과 이익을 다투었다.

상홍양은 조금도 거들떠보지 않았다.

그랬다. 천하에 왕의 땅이 아닌 것이 없었다. 광산, 바다, 삼림, 들판 등은 원래부터가 천자의 것이었다. 민간에 개방하면 그들에게 이익을 양보해야 했다. 반면 국가 소유로 회수하는 것은 불변의 진리였다. 무엇보다 황제는 경영권을 스스로 쥐지 않고 국가에 넘겼는데 어찌 이기적이라고 할 수 있겠는가?

균수와 평준도 마찬가지였다. 물류와 판매를 민영에서 국영으로 바꾸면 정부는 거시경제를 움직일 수 있었다. 불법 악덕 상인도 더 이상 매점을 통해 물가를 올릴 수 없을 테니 어찌 돈 때문에 인의를

15 『사기』「평준서」 참고.

버렸다 하겠는가? 또한 국영 상업을 통해 재정 수입을 늘리면 세금을 추가로 징수할 필요가 없으니 어찌 민간과 이익을 다툰다 하겠는가?

상홍양은 저력이 넘쳤다.

사실 여기서 도덕 문제를 빼놓을 수 없다. 이를테면 국가만 돈 버는 것이 허용되고 상인은 이익을 취할 수 없도록 하는 것이 도덕적인가? 서로 고발하도록 군중을 선동해 저마다 화를 남에게 전가하게 만든 것이 정의로운가? 정부가 세금을 내라고 하면 세금을 내야 하고, 세금이 걷히지 않으면 완력을 행사하는 것은 강도와 다를 게 무엇인가?

안타깝게도 유가는 이런 사실을 전혀 인식하지 못했다.

상홍양도 당당할 이유가 충분했다. 권력을 이용해 사리사욕을 채우지 않았기 때문이다. 상홍양은 국가의 이익을 도모했고 중앙집권을 보호했으며 부국강병을 추구했다. 그가 부도덕했다고 말하려면 먼저 이 세 가지를 부정해야 한다.

그러나 문제의 핵심이 바로 여기에 있다. 국가의 이익이 반드시 개인의 이익보다 위에 있어야 하는가? 중앙집권을 반드시 지켜야 하는가? 부국강병을 위해 꼭 상공업자와 중산계층이 파산을 해야 하는가?

하지만 상홍양은 이 문제에 대답하지 않을 것이고 한 무제도 대답하지 않을 것이다. 그들에게 이것은 문제가 아니었다. 문제는 거상들이었다. 이들은 나라와 비길 만큼 부유했고 왕후에 비할 만큼 지위가 높아 소봉素封(천자로부터 받은 봉토는 없으나 재산이 많아 제후와 비할 만한 큰 부자—옮긴이)이라 불렸고 정권을 심각하게 위협하고 있었다. 국가 경제의 명맥을 어찌 그들이 장악하게 두겠는가? 중앙정부의 재정을 늘리는 것은 개혁의 목적 중 하나일 뿐이었고 민간에서 재벌이 등장하는 것을 방지하는 일이야말로 근본적인 목적이었다.[16]

한 무제는 돈이 필요했고 목숨은 더 필요했다.

실제로 집권사회가 전제사회로 발전하려면 민간 자본이 규모를 갖추도록 허용하지 않아야 한다. 그대로 두면 절대 권력과 맞서는 힘으로 성장할 수 있기 때문이다. 이 재벌들이 범죄 조직일 혐의가 있다면 억제할 뿐만 아니라 몰살시켜야 한다.

곽해郭解는 이 때문에 죽었다.

16 『염철론鹽鐵論』「복고複古」 참고.

토착 세력을 제거하다

곽해는 추은령이 발표된 해에 죽임을 당했다.[17]

그해에는 사실 두 가지 큰 사건이 더 있었다. 하나는 삭방군朔方郡(현재 네이멍구內蒙古 자치구 오르도스鄂爾多斯 서북부와 바옌나오얼巴彦淖爾 뒤쪽 지역)을 설치한 것이고 다른 하나는 300만 명을 무릉茂陵으로 이주시킨 것이다. 이 두 사건은 추은령과 마찬가지로 주보언의 건의에서 비롯됐다. 이 세 건을 완수하고 주보언은 살해당했다.[18]

곽해는 명령을 받고 무릉으로 이사를 갈 참이었다.

산시陝西 성 싱핑興平에 있는 무릉은 한 무제의 능묘다. 당시에 건설 중이었고 동시에 무릉현도 건립할 계획이었다. 현을 조성하려면 백성을 이주시켜야 했다. 다만 이번에 이주하는 이들은 모두 전국 각지의 대부호 집안 사람들이었다.

주보언의 표현에 따르면 '천하의 호걸'들이었다.

17 곽해의 이야기는 『사기』 「유협열전游俠列傳」 참고.
18 『사기』 「평진후주보열전」 참고.

호걸들은 본고장에서 제멋대로 횡포를 부리는 토호와 악덕 지주들로 여기에는 대호족과 졸부가 포함됐다. 이들은 투항자나 배신자를 받아들이고 악인에게 관용을 베풀며 암흑 세력과 수구 집단을 결성해 마을에서 횡행하는 악질 토호 집단이 되었고 지역의 정치를 좌지우지하는 등 해롭기가 제후왕에 뒤지지 않았다.[19]

적어도 제국 통치자의 눈에는 그랬다.

그래서 단속할 필요가 있었다. 문제를 근본적으로 해결하기 위해 조치를 취했다. 봉국을 분할해 제후를 재편성했다. 토호들은 뿌리째 뽑아버리는 방식을 택했다. 무릉으로 보내버린 것이다. 본고장을 떠나 황제의 눈앞으로 옮겨진 토호들은 영향력을 행사할 수 없었다. 토호의 지원을 잃은 제후들은 털 빠진 닭 꼴이 될 수밖에 없었다.

훌륭했다! 일거양득으로 동시에 두 가지가 해결됐다.

300만 명이 이렇게 고향을 뒤로하고 떠났다. 지역 최고의 부자면 열심히 노력해서 부자가 됐든 횡령을 하거나 강도짓을 했든, 모조리 단속의 대상이었다.

맞다! 좋건 나쁘건 상관없이 일률적으로 처리했다!

문제는 이 기준을 따른다 해도 곽해는 아무 문제가 없다는 것이다. 곽해는 부유한 상인도 아니고 토호도 아니었다. 사마천은 곽호를 유협遊俠이라고 불렀다. 위험에 처한 사람을 도와주고 곤경에 빠진 사람을 구제해서 '협'이라 했고 '유'자를 쓴 것에서 직업이 없었음을 알 수

19 『후한서後漢書』「혹리열전」의 '서序' 참고.

있다. 다만 곽해는 벼슬이라곤 말단 자리에도 앉지 못했을 뿐, 주변의 많은 사람이 너도나도 그를 위해 열심히 뛰어다녔다.

곽해가 하는 일은 마치 의협심을 발휘하여 정의를 행하는 듯했고 혹은 등록하지 않은 홍보업체를 차린 것 같기도 했다. 곽해는 지현軹縣(지금의 허난 성 지위안濟源)에서 낙양洛陽까지 가서 옳고 그름을 중재한 적도 있었다. 곽해는 능력도 좋아서 말 한마디로 누군가의 노역을 면제시켜줄 수 있었다.

이런 사람이라면 강호의 대장이라고 불러도 무리가 없을 것이다.

당시 조정과 재야는 경계가 모호했고 전국 시기의 풍습도 아직 남아 있었다. 적잖이 이름난 신하와 세도가들, 이를테면 장량, 이포, 두영, 원앙, 주아부 등은 스스로 의협심이 있거나 협객들과 친분을 맺었다. 어쨌든 유협은 재야에 있다고 해도 사람들이 모르지 않았으므로 곽해의 이주에는 거기장군車騎將軍 위청도 놀랐다.

위청이 말했다. “곽해는 돈도 별로 없으니 명단에 있으면 안 됩니다.”

한 무제는 냉소를 지었다. “일개 평민의 권위가 장군이 대신 와서 사정을 할 정도로 크다니. 집이 가난하지 않은가보군!”

이쯤이면 이사를 가야 할 뿐 아니라 죽어야 한다.

그렇다. 한 무제는 신민이 너무 많은 부를 축적한 것도 싫어했지만 영향력이 큰 것은 더욱 싫어했다. 국경 안에는 왕의 신하만 있어야 했다. 호소력은 황제와 제국의 정부에게만 있어야지, 어찌 평민이나 협객에게 그런 영향력이 있을 수 있겠는가?

사실 지현의 관리가 곽해를 이주 명단에 넣은 것은 곽해의 명성이 매우 커서 차마 조정에 보고하지 않을 수 없었기 때문이다. 현의 담당자가 하찮은 말단 관리이긴 했어도 임금의 뜻을 잘 파악했던 듯싶다.

곽해도 떠날 수밖에 없었다.

그런데 평소 곽해의 명성과 인간관계는 오히려 역효과를 냈다. 곽해가 출발하려는데 배웅하러 온 사람이 엄청났고 선물로 받은 여비는 1000만이나 되었다. 곽해가 관내로 들어가자 관중關中의 덕망 있는 호걸들도 앞 다투어 와서 사귐을 청했다.

이 광경은 고위층의 진노를 살 만큼 이목을 끌었다. 곽해의 '형제들'도 말썽을 일으켰다. 그들은 먼저 곽해를 이주 명단에 넣은 현의 관리를 찾아내 죽였다. 그다음 그 아버지도 죽였다. 관리의 가족이 도성에 와서 임금에게 고발하자 곽해의 사람이 고발자를 죽여서 궁정 문 앞에 두었다.

이렇게 행동에 거리낌이 없는데 제국의 권위에 도전하지 말란 법이 어디 있겠는가? 게다가 연달아 세 번이나 살해를 자행했으므로 정부도 가만있을 수 없었다. 그래서 무제는 지명 수배를 명령했고 곽해도 체포되어 재판에 넘겨져 묵은 빚과 새 빚을 함께 청산할 준비를 했다.

곽해에게 묵은 빚이 있었나?

있었다. 곽해는 화폐를 주조했고 도굴을 했으며 살인도 했다. 다만 아쉽게도 열심히 조사했지만 대사면을 앞둔 터라 고소를 취소할 수밖에 없었다.

그런데 곽해의 똘마니가 또 사고를 쳤다.

곽해가 조직폭력배 성격의 패거리를 조직했다는 증거는 없다. 그러나 그를 흠모하는 사람들 중에는 본고장의 불량배와 건달이 적지 않았다. 그들은 제멋대로 곽해를 위해 일을 처리하거나 복수했고, 이번에도 마찬가지였다. 한 유생이 뒤에서 곽해에게 말을 버릇없게 했다는 이유로 죽임을 당하고 혀가 잘렸다.

당연히 곽해가 한 일은 아니었고 진상이 규명된 뒤 범인의 행방도 묘연해서 법관은 곽해에게 무죄 판결을 내렸다. 그러나 신유가인 공손홍은 상황을 몰랐던 곽해의 죄가 직접 살인을 한 것보다 더 크다는 의견을 냈다.

참 비열한 논리처럼 보이지만 일리가 없는 말은 아니었다. 이 사건을 통해 무슨 일이든 직접 나설 필요가 없고, 심지어 본인에게 알릴 필요도 없을 만큼 곽해의 명성과 권세가 엄청나게 커졌음이 드러났기 때문이다.

그러면 천하에 누가 이런 권위를 가질 수 있겠는가?

황제다.

황제가 둘일 수 있는가?

불가능하다.

결국 곽해는 대역무도라는 죄명으로 온 집안이 재산을 몰수당하고 참형을 당했다.

사실 곽해가 언제 대역무도를 저질렀는가! 황제에게 반대한 적이 있는가? 없다. 정부에 반대를 했었나? 역시 없다. 무력을 동원해 반란을 일으켰는가? 더더구나 없다. 잘못이라면 고장의 대장이 되었던 것이다. 황금뱀이 거세게 춤을 추는데 진짜 용이 어찌해야 하겠는가?

곽해에겐 죽는 길밖에 없었다.

사실 곽해는 이날이 올 것을 예상했어야 했다. 곽해의 아버지가 한 문제 때 유협으로 활동하다가 살해됐다. 한 경제도 가차 없었다. 어느 지역에 협객이 나타났다는 소식을 들으면 즉시 사람을 보내 토벌했다. 제남의 한瞯 씨 가문의 경우 혹리 질도의 손에 멸망했다.

이들이 암흑 세력이었는지의 여부는 단언할 수 없다. 어쩌면, 어쩌면 그랬을 수도 있다. 그러나 애초에 그런 것 따위는 상관없었다. 제국이 신경 쓴 부분은 그들이 악한지 아닌지가 아니라 강한지 약한지였다. 어떤 세력이든 어느 정도의 규모를 이루면 옳든 그르든 선하든 악하든 존재가 허락되지 않았다.

 신하의 공로가 아무리 혁혁한들 군주의 위세를 압도할 수는 없는 법인데 하물며 평민은 어땠겠는가?

이것이 제국의 논리다.

사실 제국은 협객과 유협의 존재에 오래전부터 불안을 느꼈다. 주아부가 칠국의 난을 평정하고 가장 근심했던 이가 유협 극맹劇孟이었다. 그래서 극맹을 수하로 거두고 나서 적국 하나를 굴복시킨 양 기뻐했다.[20]

유협 한 명이 한 나라와 맞먹다니 큰일이 아닌가!

반역자가 아니어도 반역자였다.

실제로 법가는 일찍이 통치자에게 두 종류의 인간을 경계하라고 경고했다. 하나는 문사이고 다른 하나는 협객이었다. 한 무제의 블랙리스트에는 거상과 토호도 있었다. 거상과 토호가 기초를 흔든다면 문사와 협객은 민심을 어지럽혔다. 유가는 문文으로 법을 어지럽히고 협객은 무武로 금지령을 위반하니, 이들 모두가 불안정 요소였다.

대처 방법은 달랐다. 거상에게는 돈줄을 끊거나 소규모의 장사만 허용했다. 토호는 기반을 잘라 자생자멸하게 만들었다. 문사에게는 다른 길로 인도해 명예를 좇도록 했고 협객은 유혈 진압을 통해 인정사정 봐주지 않았다. 그들이 조직폭력배인지 여부는 중요하지 않았다.

중요한 것은 자신이 정권을 확고히 잡는 것이었다.

한 무제가 자꾸 나서서 사람들을 두들겨 팬 이유가 바로 여기에 있

20 『사기』「유협열전」 참고.

었다.

이제 제후왕은 약화되고 민간 자본은 억제되었으며 지방 토호와 유협 반란자들은 타격을 입었으니 한 무제는 쉴 수 있었을까?

아니다. 한 무제는 정부로부터 권력을 빼앗아야 했다.

한 나라 두 정부

한 제국 정부의 수뇌는 삼공三公이었다.[21]

삼공은 승상, 태위, 어사대부다. 승상은 최고 행정장관이고 태위는 최고 군사장관이며 어사대부는 최고 감찰관 및 법 집행관이다. 방국 시대에 천자의 명칭은 공公이고 제후의 명칭은 상相이었던 반면 진·한 제국 때는 승상, 태위, 어사대부를 재상이라고 통칭했다.

재상이 곧 삼공이므로 상공相公이라고도 불렀다.

삼공 아래에는 구경九卿, 즉 정부 부처의 장관들이 있었다. 장탕이 맡았던 정위와, 안이가 맡았던 대사농이 다 구경에 속한다. 구경이라고 해서 꼭 아홉 개만 있었던 것은 아니며 구경은 정경正卿이고 그 외에 열경列卿도 있었다.[22]

구경과 삼공은 자체적인 정치 기관을 두고 있었다. 삼공의 기관은 부府, 또는 공부公府나 상부相府라 불렀다. 구경의 기관은 시寺 또는 경

21 이 절에 나오는 전한의 관제는 『한서』「백관공경표百官公卿表」, 『후한서』「백관지百官志」, 첸무錢穆의 『중국 역대 정치의 득실中國歷代政治得失』, 양훙녠楊鴻年과 어우양신歐陽鑫의 『중국 정제사中國政制史』, 웨이칭위안韋慶遠과 바이화柏樺의 『중국 관제사中國官制史』, 천마오퉁陳茂同의 『중국 역대 직관 연혁사中國歷代職官沿革史』, 우쭝궈吳宗國가 편집한 『중국 고대 관료정치제도 연구中國古代官僚政治制度研究』 참고.

22 『한서』「백관공경표」의 표현에 따르면 구경은 태상太常, 광록훈光祿勳, 위위衛尉, 태부太仆, 정위廷尉, 대홍려大鴻胪, 종정宗正, 대사농大司農, 소부少府, 중위中尉다. 이들은 모두 녹봉이 '중이천석(월 곡식 180곡斛, 1곡은 본래 10두斗였으나 나중에 5두로 바뀜—옮긴이)'이었다.

시卿寺라고 했다. 황제의 기관은 궁 또는 황궁이라고 했다. 황궁, 상부, 경사가 각각 시정을 펼쳤다.

사실 황제, 삼공, 구경은 분업을 했다. 황제는 국가의 원수였고 재상은 정부의 수뇌였으며 구경은 중앙정부 각 기관 부처의 장관이었다. 구경의 권력과 지위는 삼공과 비교할 수 없었다. 삼공이 제왕과 함께 정사를 논하면 구경은 그것을 실행했다. 삼공은 의사결정자였고 구경은 집행자였다.[23]

전자를 선택하는 것은 불가능했다. 후자는 가능성은 있으나 제도를 형성할 수 없었다. 유방이든 소하蕭何든, 여태후든 조참이든 그런 관계를 규정할 수 없었다. 한나라 초기에는 인위적으로 뭔가를 하지 않아도 군신이 아무 탈 없이 화목하게 지낼 수 있었다. 그러나 재능이 뛰어나고 원대한 포부를 지녀 공을 세우길 좋아한 무제는 정부로부터 권력을 빼앗아야 했다.

정권 탈취의 주요 대상은 승상이었다.

승상은 삼공 중에서 지위가 가장 높아 금인자수金印紫綬(금도장과 거기에 달린 관직을 나타내는 자주색 끈—옮긴이)를 찼고 열후에도 속했다. 그래서 승상은 군후君侯라고도 불렸다. 승상은 황제의 결정을 물릴 정도로 권력도 컸다. 전한 말기의 승상 왕가王嘉의 경우에는 동현董賢을 봉하는 애제哀帝의 조서를 물리고 이행하기를 거부했지만 애제도 어찌 하지 못했다.

23 『주례周禮』「고공기考工記」, 『진서晉書』「고공기」, 『진서』「이윤전李胤傳」 참고.

무제는 더욱이 승상이 제멋대로 날뛰며 설치는 것을 경험한 당사자였다. 전분田蚡이 관리를 임명할 때는 거의 권력을 독점하다시피 했다. 제국의 크고 작은 관리들을 모두 전분이 임명하자 참을성이 극에 달한 한 무제가 말했다. "어르신, 이제 웬만큼 하셨습니까? 짐도 몇 사람 임명하고 싶습니다!"[24]

이런 상황은 마땅히 바뀌어야 했다.

한 무제는 첫 단계로 어사대부를 내세워 맞서게 했다.

어사대부는 은인청수銀印青綬를 찼고 부승상이었다. 그러나 승상의 보좌인이나 부하가 아니라 승상 상비군이었다. 즉 승상이 공석이 되면 어사대부가 보충했으므로 재상에 버금간다는 뜻으로 아상亞相이라고도 불렀다.

재미있는 대목이다. 무제는 즉위한 다음 해에 태위라는 직위를 폐지해버렸다. 재상 삼부 중 이부만 남았으니 서로 견제하기에 좋았다.

한 무제는 공손홍과 장탕을 선수로 기용했다.

영리한 한 수였다. 공손홍이 어사대부로 임명되었을 때 승상은 설택薛澤이었다. 장탕이 어사대부로 임명되었을 때 공손홍은 이미 세상을 떠났고, 이채李蔡와 장청적莊青翟이 차례로 승상을 지냈다. 그 결과 설택, 이채, 장청적은 장식품이 되었다. 국정의 방침이 전부 장탕과 한 무제의 손에서 결정되니 다른 사람들은 할 일이 없었다.[25]

공손홍과 장탕이 승상을 허수아비로 만들 수 있었던 것은 그들이

24 『사기』「위기무안후열전魏其武安侯列」 참고.
25 『사기』「혹리열전」 참고.

음험하고 난폭했기 때문이지만 그들이 맡은 직위와도 관계가 없지 않았다. 어사대부의 주요 직권은 문서를 관리하고 관리들을 감찰하는 것으로, 실질적으로 조정의 비서실장이자 감사실장이었다. 작심하고 무슨 일을 할라치면 할 수 있는 일이 많았다.

더 중요한 것은 어사대부의 보좌관이다.

어사대부에겐 어사승御史丞과 어사중승御史中丞의 두 보좌관이 있었다. 한 글자 차이지만 엄청난 차이가 있었다. 한나라 제도에서는 관직명 앞에 '중'자가 있으면 황궁 안에서 사무를 봤고 어사중부도 마찬가지였다.

실제로 어사중부는 궁내에 주둔하는 어사부 사무소의 주임으로 승상에게는 없는 보좌관이었다. 황제는 뭔가 생각이 있으면 어사중승에게 말했고 어사중승이 어사대부에게 전달하면 어사대부가 승상에게 전달했다. 어사대부는 승상보다 임금의 뜻을 더 잘 헤아릴 수 있었다.

공손홍과 장탕이 목적을 달성할 수 있었던 것은 이 덕분이기도 했다.

하지만 어사대부는 결국 정부의 사람이었다. 한 무제는 정권을 빼앗으려면 궁정 사람을 써야 했다. 궁정 사람이란 궁정관이고 중조관中朝官이라고도 부른다. 그중에서 가장 중요한 이는 상서尙書였다. 상서는 황제의 정치 비서였다. 상서에게 정무를 맡기면 황제는 자신의 팀이 생기는 셈이었다.

그러나 상서는 지위가 아주 낮아서 높은 책임자를 파견해야 했다. 그 책임자가 바로 대사마大司馬였다.

대사마는 경제체제 개혁을 전면 추진하던 해(원수 4)에 설치된 직위로, 사실 폐지된 태위가 바로 대사마였는데 더 이상 재상의 역할은 하지 않았고 정식 관직이라기보다는 대사마대장군, 대사마표기驃騎장군, 대사마좌左장군처럼 장군의 관직명 앞에 붙이는 명예 칭호였다.

대사마의 임무는 '상서의 일을 지도(전한)'하거나 '상서의 일을 관리(후한)'하는 것이었다. 즉 상서의 업무를 지도, 통솔, 관할, 지휘하는 것이었다. 표면상으로 보면 비서실장에 불과한 데다 겸직이었다. 그러나 대사마의 정치적 대우는 삼공에 비할 만했다. 이런 비서실이 만만했겠는가?

당연히 만만치 않았다. 사실 대사마가 통솔하는 상서의 일도 점차 비서 기관에서 의사결정 기관으로 변모해갔다. 모든 일이 군사에 관계되어 있는 국정의 방침은 먼저 상서 참모들이 논의해 의견을 내고 결의를 해야 궁정에서 조정으로 전달되었다.

이처럼 상서는 또 하나의 정부였다. 다만 정부가 황궁 안에 설치되어 있을 뿐이었다. 초대 대사마인 위청과 곽거병霍去病이 후비後妃의 친정 사람인 외척이었기 때문이다. 이들은 군사를 계획할 때도 궁중에서 황제와 밀담을 나눌 수밖에 없었다. 시간이 흐르면서 궁중에 대사마 관서官署가 있는 것이 관례가 되었다.

이러다보니 제국의 정부는 둘이 되었다. 하나는 중조中朝(내조內朝라고도 한다)로 궁 안에 있었고, 다른 하나는 외조外朝로 부府에 있었다. 외조의 수장은 승상이고 중조의 수장은 대사마였다. 두 팀이 국정을 공동 관리했다.

맞다. 한 나라에 두 정부였다.

사실 이 표현도 정확하지 않다. 대사마는 지위가 높고 권력이 컸으며 황제와 가까웠다. 상서들은 궁에서 교대로 숙직하며 늘 호출에 대기했고 직접 상소문을 올리고 황제의 명령을 직접 들었기 때문에 궁 밖의 관리들보다 소식이 훨씬 더 빨랐다. 승상을 수장으로 하는 외조는 애초에 이에 맞설 수 없었다. 그저 네네 하며 명령을 받들어 일을 처리하는 게 전부였다.

이때부터 승상은 더 장식품으로 전락했다. 이후에는 직함마저 취소되어 다른 것으로 바뀌었다. 진짜 재상인지 여부는 상서의 일을 지도하거나 관리했는지를 보면 된다. 후한 시기에는 상서대尙書臺(대각臺閣 또는 대성臺省이라고도 함)까지 지었다. 1국 2정부가 공개화되어 공부公府(삼공부)와 대각(상서대)이 되었다.

한 무제는 매우 흡족했다. 드디어 집권 대업을 완성했다. 처음에는 지방의 권력을 중앙에 모았고 다시 중앙의 권력을 황제에게 집중시켰다. 대권을 손에 쥔 무제는 마음대로 할 수 있었고 원대한 계획을 펼칠 수 있었다. 남아 있는 끝없는 골칫거리들은 다음에 이야기하자.

약자를 동정하면 좋은 사람이고 폭도들을 제거하고
백성을 평안하게 하면 좋은 관리이며 악역은 자신이 맡고 은혜 베푼 일을
황제에게 돌리는 것은 충신이다.
그러나 이 호인, 공정한 관리, 충신은 동시에
억울한 사건의 제작자이자 악법의 조작자이기도 하다.

제4장

천하를 다스리다

직업 관료

봉건에 다시 반대하다

중앙과 지방

목민과 목관

벼슬길은 광활하다

장안으로 통하는 길들

직업 관료

혹리 장탕은 자살했다.[1]

원정 2년, 그러니까 장탕이 어사대부를 지내던 여섯째 해에 많은 일을 처리했던 그 자신도 다른 사람에게 고발을 당했다. 상인과 결탁하고 권력을 이용해 사리를 도모했으며 국가 기밀을 누설하여 경제 개혁을 망쳤다는 죄명이었다. 이에 승상 장청적은 장탕의 심복을 체포했고 자백도 어전으로 전달했다.

한 무제가 물었다. "짐이 뭔가 행동을 하려 할 때마다 상인들이 먼저 소식을 알고 물건을 매점한다. 혹시 몰래 기밀을 누설하는 자가 있는 것이 아닌가?"

장탕이 대답했다. "분명합니다."

한 무제는 장탕이 못 미더워서 조우趙禹를 보내 심문을 했다.

조우는 장탕의 오랜 동료다. 무제 때의 가혹한 법조문들은 조우와

1 이 절에 나오는 장탕과 기타 혹리에 관한 일은 별도의 주석이 없는 한 모두 『사기』 「혹리열전」 참고.

장탕이 함께 만든 것이었다. 무제가 조우에게 이 사건의 심리를 맡겼을 때는 진상을 확실히 밝히고 싶은 생각도 있고 장탕을 지켜주고자 하는 마음도 있었을 것이다.

그런데 장탕은 여전히 죄를 인정하지 않았다.

조우가 말했다. "어찌 본분을 지키지 않는가? 가슴에 손을 얹고 물어보게. 자네 때문에 집안이 망하고 죽은 사람이 한둘인가? 자네를 고발한 사람의 말은 확실하다네. 다만 황제께서 차마 법으로 처벌하지 않으실 뿐이지. 기어코 변명할 필요가 뭐가 있는가?"

그리하여 장탕은 자살했다.

장탕이 죽은 뒤 가산이라고는 녹봉 소득과 황제에게 받은 것 정도로 형편없이 적었고 출처가 불분명한 거액의 재산 같은 것은 없었다. 형제와 자식들은 장례를 성대하게 치르고 싶어했지만 장탕의 어머니가 반대했다. 장탕의 어머니가 말했다. "내 아들은 천자의 신하인데 소인배의 모함으로 죽었으니 장례를 성대하게 치를 필요가 뭐가 있겠으며 또 어찌 성대하게 치를 수 있겠는가?"

결국 우마차 한 대에 보잘것없는 관 하나를 싣고 가서 장탕을 매장했다.

이 소식을 들은 무제는 감정에 북받쳐서 말했다. "그런 어머니가 없었으면 그런 아들이 나오지 못했겠지." 그래서 이 사건을 엄중히 조사하라고 명했다. 결국 장탕을 고발한 사람은 사형에 처해졌고 승상 장청적은 하옥되어 자살했다.

장탕 사건의 배후에는 관료사회의 잔혹한 싸움이 있었고 복잡하게 얽힌 사정이 있었다. 하지만 장탕이 권력을 이용해 사리를 도모하지 않은 것은 사실이다. 장탕이 임직 기간에 직권 남용 행위를 하지 않은 것 또한 사실이다.

사욕을 버리고 공익을 위하여 힘쓰며 본분에 충실했던 장탕은 청렴한 관리였다.

그러나 장탕은 혹리이기도 했다. 그의 붓끝에서 만들어진 억울한 사건이 적지 않았다. 대사농 안이는 바로 장탕이 멋대로 죄명을 씌우는 바람에 죽었다. 급암도 지적했듯이 장탕은 사건을 처리할 때 오직 상부의 말만 따르고 법은 등한시했다. 황제가 싫어하는 것은 온갖 방법을 써서 비방했고 황제가 좋아하는 것은 뜻을 굽히며 감쌌다.

이런 사람을 좋은 법관이라고 할 수 있는가?[2]

그럴 수 없을 것이다.

문제는 장탕에게 또 다른 면이 있었다는 것이다. 난폭한 사건은 자신이 접수해서 엄중하고 신속하게 처리했다. 반면 평민 백성의 사건은 황제에게 구두로 보고해서 사면받는 경우가 많았다. 이렇듯 장탕은 사건을 심리하거나 경위를 보고할 때 흉포한 세력을 두려워하지 않았고 취약 계층에 치우치는 면이 있었다.

약자를 동정하면 좋은 사람이고 폭도들을 제거하고 백성을 평안하

2 『사기』「급정열전」 참고.

게 하면 좋은 관리이며 악역은 자신이 맡고 은혜 베푼 일을 황제에게 돌리는 이는 충신이다.

그러나 이 호인, 공정한 관리, 충신은 동시에 억울한 사건의 제작자이자 악법의 조작자이기도 했다.

장탕을 어떻게 평가해야 할까?

직업 관료다.

진·한 제국의 직업 관료는 문리文吏라고 불렀다. '이'는 사무원이고 '관官'자가 붙어야 관리자다. '요僚'가 아랫사람이고 '관'이 장관인 것과 마찬가지다. 그런데 관과 요는 붙여서 쓰거나 통용할 때가 많고 관과 이도 대개 구별하지 않는다. 예를 들어 이록吏祿과 이치吏治에는 이도 포함되고 관도 포함된다. 봉강대리封疆大吏라고 하면 고위 관리였다.[3]

그런데 문리는 문관과 달랐다.

엄격한 의미에서 문관은 지식인인 동시에 정치적 이상이나 정치적 포부가 있어야 했고, 최소한 정치적인 주장이 있어야 했다. 문관이 정치하는 목적은 '황제를 잘 보좌해서 요순과 같은 명군으로 만드는 것致君堯舜上'이었고 집권의 임무는 '순박한 풍속을 회복하는 것再使風俗淳'이었다.[4] 즉 그들은 정치가이거나 정치계 종사자였다.

반면 문리는 기술 관료였다. 이들은 재무회계, 법률, 공문 작성 등 전문 기술 능력을 중시했다. 예를 들어 한 무제가 중용한 상홍양은 경제 전문가였고 장탕, 조우, 두주는 법률 전문가였다. 대다수는 전

3 이 장에 나오는 진·한의 관제와 관료정치는 옌부커閻步克의 『제국 초기의 관료정치 제도: 진·한帝國開短時期的官僚政治制度: 秦漢』 참고.

4 두보杜甫의 「진증위좌승장이십이운秦贈韋左丞丈二十二韻」.

문 교육을 받았고 밑바닥 실무 경험도 있었다.

무제 시대의 문리는 이런 사람들이었다. 영성, 조우, 장탕, 윤제尹齊, 양복楊僕, 감선, 두주 등은 모두 말단 관리와 도필사를 지냈고 왕온서는 정장亭長도 지냈다. 이들이 단번에 높은 지위에 오를 수 있었던 것은 유능했기 때문이다. 혹은 지방 관리가 '유능하다고 생각'했거나 한 무제가 '유능하다고 여겼기' 때문이기도 하다.

문관을 선발하는 것은 달랐다. 문관이 되려면 책을 많이 읽어 높은 학식과 경륜을 지녀야 했고 고금의 지식에 해박하며 글재주가 뛰어나야 했다. 이런 일을 담당할 수 있는 이는 당연히 유생밖에 없었다. 따라서 유가를 숭상하면서부터 문관이 생겼고 문관이 진정한 주류가 된 것은 수·당 시기 과거제도를 실시한 이후부터다.

선발의 기준이 다른 만큼 가치관도 달랐다.

문관은 '군자는 도를 추구하지 먹을 것을 추구하지 않는다君子謀道不謀食'[5]라는 공자의 가치관을 따랐다. 태도는 '곤궁해지면 홀로 자신의 몸을 선하게 하고 잘되면 겸하여 천하를 선하게 한다窮則獨善其身, 達則兼善天下'[6]라는 맹자를 따랐다. 그리고 '벼슬하면서도 여유가 있으면 학문을 닦고 학문을 닦다가도 여유가 있으면 벼슬을 한다仕而優則學, 學而優則仕'[7]는 자하子夏의 이상을 추구했다. '우優'는 우수하다는 뜻이 아니라 우유優裕, 즉 여유가 있다는 의미다. 즉 관리를 하면서 여건이 되면 학문을 연마하고, 학문을 하다가 여유가 있으면 관리를 한다는 뜻이다.

5 『논어』「위영공衛靈公」 참고.
6 『맹자』「진심盡心 하」 참고.
7 『논어』「자장子張」 참고.

따라서 이들도 과거제도 이전에는 쉽게 관리가 될 수 없었다.

반대로 문리는 관료사회에 들어가 벼슬길에 올라야 했다. 관리가 되는 것은 그들의 직업이고 밥그릇이었다. 바꿔 말하면 이들은 변호사나 전문 매니저에 해당되었고 제국을 위해 일함으로써 생계를 도모했다.

그러면 변호사나 매니저의 직업윤리란 무엇인가?

당사자를 위해 봉사하는 것이다.

문리의 당사자는 누구였나?

황제였다.

이제 명확해졌다. 이렇게 보면 장탕이 그토록 상부의 뜻에 따라 때로는 관대하게 때로는 엄격하게 판결을 내렸던 것은 도덕성이 부족해서가 아니라 오히려 직업윤리를 투철하게 지킨 것이었다.

실제로 직업적인 요구 때문에 문리들은 '충忠'처럼 유가에서 주장하는 도덕심도 지니고 있었다. 심지어 훈련이 잘된 사냥개처럼 주인이 한마디 명령만 내리면 재빨리 앞으로 달려갔고 사냥감이 같은 조정의 관리나 공신인지 황제의 친척, 귀족이나 관료의 자제인지는 상관하지 않았다.

물론 황제가 억울한 사건을 만들려고 한대도 문리들은 수행했다.

하지만 이런 모습은 문리 개인의 품성과는 무관하다. 한나라 시대의 혹리 중에는 뇌물을 받고 법을 어기는 사람도 있었지만 사욕을 버리고 공익에 힘쓰는 사람이 더 많았다. 조우가 좋은 예다. 집 안에는 식객을 들이지 않았고 밖에는 친구를 두지 않았으며 고관이나 재상들이 방문하러 와도 답례하지 않았다. 사사로운 정은 일체 거부하고 전심전력하여 당사자를 위해 봉사했다.

경제 시기의 질도郅都 도 마찬가지다.

질도는 '참매'라고 불릴 만큼 정확했다. 개인적으로 그 어떠한 교제도 하지 않고 선물이나 뇌물은 전혀 받지 않았다. 법을 집행할 때도 '귀족을 피하지 않는 것'으로 유명했다. 당시 조정에서 모두가 무위이치無爲而治를 주장할 때 질도는 혼자서 엄한 형벌과 법으로 다스렸다. 그래서 열후 종실이 모두 질도를 눈엣가시처럼 여겼고 두태후는 사람을 시켜 트집을 잡아 질도를 죽이기까지 했다.

한 경제가 말했다. "질도는 충신입니다."

두태후가 말했다. "질도 때문에 죽은 사람들은 충신이 아니었습니까?"

한 경제는 질도를 죽일 수밖에 없었다.

질도는 이러한 결말을 예상했을 것이다. 질도는 이런 말을 한 적이 있다. "부모님과 작별하고 나와서 관리가 되었으니 충성을 다하고 책임을 다하여 본분을 지키다가 죽어야지, 어찌 아내와 아이를 돌볼 틈이 있겠는가?"

부도덕한가?

그러나 유가는 이런 직업 관료들을 매우 증오했다.

유가가 문리를 싫어한 데에는 이상할 게 없다. 문리의 법가적인 성향, 기술성과 직업 습관은 다 유가가 싫어하는 것들이다. 시키는 대로 절대 복종하는 것이 군주에 대한 충성이 아니고 왕후보다 왕도가 더 커야 한다는 것이 유가의 생각이었다. 그렇기 때문에 유가 출신의 문관들은 조정에서 이치를 따지며 변론하기 일쑤였고 황제의 분노를 두려워하지 않았다.

유가의 훌륭한 점이 바로 이것이다.

그런데 이런 사람들에겐 단점이 하나 있다. 현실에 맞지 않는 탁상공론만 거창하게 늘어놓는다는 것이다. 반대로 문리들은 운영 능력이 아주 뛰어났다. 따라서 문리가 선을 행할지 악을 행할지는 전적으로 어떤 황제를 만나느냐에 달려 있었다. 좋은 황제를 만나면 문리는 든든한 도우미가 되었고 나쁜 황제를 만나면 악행의 하수인이 되었다.

유생은 충성과 선량함을 추구했고 문리는 업무 처리를 중시했다.[8] 유생은 이상이 있고 문리는 능력이 있었으며 유생은 원칙을 강조했고 문리는 실무를 처리했다. 제국은 누구를 택해야 했을까?

한 무제의 선택은 문리였다.

8 왕충王充의 『논형論衡』「정재程材」 참고.

봉건에 다시 반대하다

유가만 숭상한 것으로 알려진 한 무제가 법가 성향을 지닌 문리들을 더 선호한 것은 이상해 보이지만 사실이다. 위청, 장탕, 상홍양 등 무제가 중용한 사람은 모두 유생이 아니었다. 대유학자인 동중서는 사실 비주류로 뒤처졌다.

공손홍은 예외였다.

공손홍은 특별했다. 알다시피 무제 때 13인의 승상 중 넷은 관직에서 파면되고 둘은 유죄로 자살했으며 셋은 하옥되어 사형에 처해졌다. 나머지 가운데 석경石慶은 겁이 많아 문제가 생기는 것을 두려워했고 전분은 정신이상이었으며 차천추車千秋는 무조건 순종했다. 무사하면서도 제 역할을 한 이는 공손홍이 거의 유일하다.

그러나 공손홍이라는 유생은 하필 옥리 출신이어서 장탕과 의기투합하고 호흡이 잘 맞았다. 장탕이 유가 경전을 인용해 판결을 해석하면 공손홍은 장탕을 침이 마르도록 칭찬했다. 그 속의 비밀을 깊이 생각해볼 가치가 있다.

아무래도 처음부터 다시 이야기해야겠다.

먼저 진나라부터 보자.

진 제국은 '이치吏治의 천하'였는데 이는 진나라가 법가 사상을 기초로 나라를 세운 것과 관련이 있다. 법가에서는 국가에 농민과 전사 두 유형의 사람만 필요하다고 본다. 농민은 군주를 위해 농사를 짓고 전사는 군사를 위해 전쟁을 한다. 이러면 충분히 부국강병을 이룰 수 있다. 다른 사람들은 모두 잉여다.

그러면 농민과 전사는 누가 관리할까?

문리다. 조정의 고관에서 군과 현의 장, 그리고 향鄕과 이里의 말단 관리까지 모두 문리였다. 사실상 농민과 전사만 있는 국가에선 사상과 문화가 불필요하다. 농사를 짓는 '일벌'과 전쟁하는 '병정개미'는 너무 많은 것을 알 필요 없이 기율을 지키고 명령만 들으면 된다.

그래서 진나라 사람들은 '법으로 가르치고 관리를 스승으로 삼았다'.

유방이 세운 새로운 정권은 다른 양상을 띠었다. 고제, 혜제, 문제, 경제 네 황제가 다스리던 때는 일반 사무를 여전히 진나라의 관례에 따라 문리가 처리했다. 요직을 차지한 것은 조참의 아들 조줄, 주발의 아들 주아부처럼 공신이 아니라 그들의 후손이었다. 주아부는 태위도 지냈고 승상에도 올랐었다.

다시 말해서 정사는 공신이 맡고 사무는 문리의 몫이었다.

이상한 일은 아니다. 어쨌든 공신들은 유방의 전우였으니까. 유방과 그 후계자들은 그들의 정치 경험과 숭고한 명성, 영향력과 호소력이 필요했고 제후나 재상에 봉하는 방식으로 그들의 공로에 사례도 해야 했다. 과거에 제후에게 분봉해 왕국을 세웠던 것과 흡사했다.

마찬가지로 이 둘은 봉건의 잔재이기도 했다.[9]

따라서 진시황이 완수하지 못한 사업을 한 무제가 계승해야 했다. 물론 봉건잔재를 철저히 뿌리 뽑은 것은 수·당 이후의 일이다. 하지만 귀족정치에서 관료정치로의 전환은 불가피한 추세였다.

귀족정치는 왜 안 되었을까?

귀족정치는 봉건제도와 공생, 공존하는 관계였기 때문이다. 봉건제도에서 나라는 제후의 것이고 가문은 대부의 것이었다. 나라가 무너지고 가문이 망하면 가장 먼저 타격을 입는 피해자가 바로 제후와 대부였다. 그런 까닭에 봉건 초기에 제후는 치국治國을 하지 않을 수 없었고 대부는 제가齊家를 하지 않을 수 없었다. 이것을 '수장 책임제'라고 한다.

게다가 봉건 초기에는 집과 나라가 크지 않았다. 한 나라에 성城이 하나, 한 가문에 읍邑이 하나였다. 제후와 대부, 나라의 군주와 가문의 군주는 국민과 가족을 직접 대면할 수 있었다. 이것을 '직접 군주제'라고 한다.

9 이 절의 내용은 우쭝궈吳宗國가 편집한 『중국 고대 관료정치제도 연구』 서론 참고.

물론 직접 군주제라 해도 돕는 사람이 있었다. 천자에게는 공경, 제후에게는 대부, 대부에게는 가신이 보좌관, 조수 또는 관원이었다. 공경, 대부, 가신은 이론상으로는 천자, 제후, 대부의 형제와 자제·조카이지만 실제로는 일가가 함께 제가, 치국, 평천하平天下에 나섰다. 이를 '가족 공치제共治制'라고 한다.

수장이 책임을 지고 직접 군주가 있으며 가족이 공동으로 다스리는 정치는 당연히 귀족의 것이고 귀족의 것일 수밖에 없다.

이런 정치가 바람직한지 아닌지는 단정하기 어렵지만 제국 시대에 적용할 수 없는 것은 확실했다. 제국은 소국과민小國寡民의 도시국가가 아니라 면적이 넓은 영토국가다. 직접 군주제는 불가능했고 수장 책임제는 더더욱 불가능했다. 제국의 통치는 황제만이 권한을 부여하고 정부가 책임질 수 있었다.

그러면 귀족이 정부를 구성하면 되지 않는가?

안 된다. 귀족들에겐 특권이 있기 때문이었다. 그중에서 가장 중요한 것이 인사권이었다. 봉건시대에 천자는 경卿을 임명할 수 없었고 제후는 가신을 임명할 수 없었다. 이 직위들은 심지어 세습되어 세경世卿, 세직世職이라고 했다. 그 결과 천자는 제후의 나라에 관여할 수 없었고 제후는 대부의 가문에 관여할 수 없었다.

제국은 당연히 이를 받아들일 수 없었다.

더 중요한 사실은 봉건 시대의 군신관계가 위에서부터 아래로 층

층이 충성을 바쳤다는 점이다. 가신은 대부에게만 충성하고 제후에게는 충성하지 않았으며 대부는 제후에게만 충성하고 천자에게는 충성하지 않았다. 대부들이 일제히 반란을 일으키면 전국이 들고일어났고 제후들이 다 같이 반란을 일으키면 천하가 혼란에 빠졌다. 중앙집권 체제의 제국이 어찌 이런 논리를 인정하겠는가?

가족 공치제도 불가능했다. 함께 다스리면 독재가 불가능한데 제국은 반드시 독재로 갈 것이었다. 다만 시간이 필요했을 뿐이다.

사실상 한나라 초기의 제도는 봉국과 군현제가 공존하는 반半봉건제도였고 양한의 정치도 반半귀족정치였다. 처음에는 공신 그룹이, 나중에는 외척 그룹이 황제와 조정을 함께 관리하고 천하를 함께 다스렸다. 이런 상태도 수·당 이후에 가서야 근본적인 변화가 생겼다.

이렇게 보면 공손홍과 장탕의 의미가 아주 특별하다.

공손홍과 장탕은 평민 출신이고 문리 출신이었다. 평민이므로 '비귀족'이고 문리이므로 '전문성'이 있었다. 전문성과 평민성은 모두 반봉건적인 성향이다. 온 조정에 장탕, 공손홍 같은 사람만 있다면 귀족정치가 분명히 관료정치로 바뀔 것임을 쉽게 상상할 수 있다.

또한 의심할 바 없이 이것이 대세의 흐름이었다. 그런데 한 제국은 이 전환을 실현할 절호의 기회를 맞은 셈이었다. 평민이 세운 왕조인 전한은 '평민 출신이 장수와 재상에 오르는 국면'을 열었다. '군주도 평민 출신이었고 신하도 대부분 망명자나 잡배 출신'이었으며[10] 그 후에도 비천한 출신들이 등장했다. 경제의 왕황후王皇后는 재가한 여자였고 무제의 위황후衛皇后인 위자부衛子夫, 성제의 조황후趙皇后인 조비연趙飛燕은 가녀歌女였다. 그래도 아무도 왈가왈부하지 않았다.

문리가 관리가 되는 것은 더욱 이상할 게 없었다. 진나라의 전통이 계속 이어졌고 소하, 조참도 문리 출신이었다. 무엇보다 문리는 전문 교육을 받았다. 사무를 문리에게 맡기면 국가 기관의 정상적인 운영이 보장되어 '전문가가 나라를 다스린다'고 할 수 있었다.

이것이 바로 공손홍과 장탕이 단번에 고속 승진할 수 있었던 배경이다.

그러나 공손홍과 장탕은 또 달랐다. 이들은 유가와 법가라는 두 가지 사상, 문관과 문리라는 두 관료, 문학文學과 이도吏道라는 두 종류의 벼슬길, 관치官治와 이치吏治라는 두 유형의 정치를 대표한다.

다만 이것을 명확히 하고 앞부분의 문제에 대답하려면 먼저 관료 제도를 확실히 설명해야 한다.

10 조익趙翼의 『22사 찰기廿二史箚記』 참고.

중앙과 지방

관료제도의 첫 번째 요소는 기관이다.

기관은 중앙과 지방으로 나뉜다.

중앙은 정부 기관이고 지방은 정권 기관이다.

정치적 의미를 지니는 '중앙'이라는 단어는『한비자』에서 처음 나오며 원문은 '사재사방, 요재중앙事在四方, 要在中央(일은 사방에 두고 자신은 그 가운데 있어라)'[11]이다. 전국 말기에 집권제가 확립되었으며 중앙과 지방의 관계도 의사 일정에서 거론되었음을 의미한다.

하지만 중앙이 제대로 세워진 것은 진·한 시대다.

진·한 제국의 중앙은 구조와 차원이 매우 분명했다. 기관은 황궁, 상부, 경사였고 수장은 황제, 삼공, 구경이었다. 황제를 한나라 때는 현관縣官이라고도 불렀고 송나라 때는 관가管家라고 불렀다. 황제가 천자, 즉 군자일 뿐 아니라 최고의 관료이기도 했다는 뜻이다.

11『한비자』「양권揚權」참고.

제국의 정치는 관치管治의 천하가 아닐 수 없었다.

중앙의 수장은 분업도 명확했다. 황제는 국가의 원수이고 재상은 정부의 수뇌였으며 구경은 정부의 장관이었다. 재상 삼공은 삼권분립을 실시해 승상은 행정을, 태위는 군사를, 어사대부는 감찰을 관리했다. 구경과 구사는 관직과 관서의 이름이 같았다. 직책은 다음과 같다.

태상太常: 종묘의 예의와 황가의 제사 담당

광록훈光祿勳: 궁전 대문과 궁중 숙위宿衛 담당

위위衛尉: 궁성宮城의 군대 주둔 담당

태복太僕: 황궁의 마차와 말 그리고 황제의 외출 담당

정위廷尉: 형법 담당

대홍려大鴻臚: 오랑캐 나라에 관한 사무 담당

종정宗正: 황제의 가솔과 친척 담당

대사농大司農: 국가 경제 담당

소부少府: 공상 세무(황제의 비상금) 및 황제의 음식과 거주, 의료, 문화 오락 담당

중위中尉: 도성의 방위 담당

 이 중 대사농(재정장관), 대홍려(외교장관), 정위(국방장관)와 중위(수도경

비사령관)만이 중앙정부의 관원이었음을 알 수 있다. 나머지는 모두 황제와 가신을 돌보는 관직이었다. 낭중령郎中令은 경비 및 근위대장이었고 위위는 근위군 사령관, 태복은 마부, 태상과 종정 및 소부는 황제의 집사였다.

도무지 정부 같지 않은 모습이다.

그러나 황제의 가신은 동시에 국사도 관리했다. 이를테면 고문 담당 박사는 태상 밑에 속해 있었고 논의를 담당하는 대부는 낭중령 소속이었으며 비서 역할을 하는 상서는 소부 소속이었다.

황가와 국가가 일체가 되어 공사는 불분명했고 황가의 사무와 국가의 정무가 동일시되었다. 전형적인 봉건의 특색인 가천하家天下의 양상이었다.

사실 재상도 마찬가지였다. 방국 시대에는 천자, 제후, 대부의 가신을 부를 때 내부에서 가사를 관리하면 재宰, 나가서 부관副官을 담당하면 상相이라 했다. 재상이라는 단어도 봉건의 잔재다.[12]

봉건의 잔재가 뿌리 뽑힌 것은 수·당 시기의 일이다. 이때 3성6부제가 삼공구경제를 대체하면서 제국의 중앙이 정부의 모양새를 갖추게 되었다. 진·한 양대의 조직 변혁은 주로 중앙이 아닌 지방에서 추진되었다.

진나라와 전한의 지방 정권은 군과 현의 2급이었다. 현은 군에 속하고 군은 중앙에 속했다. 중앙은 최고 권력기관이고 군·현은 하급

12 『한서』「백관공경표」, 첸무의 『중국 역대 정치의 득실』 참고.

기관으로 군·현의 장은 중앙에서 임명했다. 그래서 '중앙집권의 군현제'라고 부른다.

군현제의 토대는 현에 있었다.

한나라 시기 현의 지휘관은 현관이라고 하지 않고(현관은 황제를 지칭) 현령縣令 또는 현장縣長(큰 현은 현령, 작은 현은 현장)이라고 했다. 현령 또는 현장의 보좌관은 현승縣丞과 현위縣尉였다. 문서, 곡식 창고와 감옥을 관리하는 현승은 부현장(승은 보좌직이라는 의미)에 해당되고 치안을 관리하고 도둑을 체포하는 현위는 공안국장에 해당되었다.

하지만 현령과 현장은 관官인 반면 현승과 현위는 이吏였다. 품계(봉록)도 달랐다. 현령은 600석에서 1000석이고 현장은 300석에서 500석이었다. 현승과 현위는 200석에서 400석이라서 장리長吏라고 불렀다. 등급이 더 낮으면 소리小吏라 했고 녹봉이 100석이었다.

현의 상급은 군이었다.

진나라와 한나라 초기에 군의 담당자는 군수郡守(한 경제 시기 태수太守로 명칭 변경), 군위郡尉(한 경제 시기 도위都尉로 명칭 변경), 군감郡監(한 무제 시기 폐지)의 셋이었다. 군수는 행정, 군위는 군사, 군감은 감찰을 관리해 중앙정부의 승상, 태위, 어사대부에 대응되었다.

관서도 마찬가지였다. 한나라 때 군의 관서는 부(군부郡府) 또는 조(군조郡朝)라고 불렀다. 현의 관서는 정(현정縣庭) 또는 사(현사縣寺)라고 했다. 군은 조라 부르고 현은 정이라 하여 합치면 조정이었다. 군은 부라고

하고 현은 사라고 하니 중앙의 상부 및 경사와 대응되지 않는가?

아마도 군과 현이 중앙의 지부이고 진나라와 한나라가 지방을 중시했음이 설명된다. 그래서 한 선제는 지방의 '정치를 안정시키고 송사를 바르고 공평하게 처리하려면' 군수가 훌륭해야 한다고 말했다.[13] 실제로 군의 관리는 지위가 낮지 않았다. 품계를 보면 구경은 '중이천석中二千石(매월 곡식 180곡)', 군수는 '이천석(매월 곡식 120곡)', 군위는 '비이천석比二千石(매월 곡식 100곡)'이었고 군수와 군위는 구경 및 어사대부와 마찬가지로 은인청수銀印青綬를 찼다.

따라서 군위가 군수로 승진하고 군수가 구경으로 전환되는 것은 어렵지 않았다. 상당上黨 군수 임오任敖, 회양 군수 신도가申屠嘉(신도가는 나중에 승상도 지냄)처럼 어사대부로 바로 승진하는 사람도 있었다. 마찬가지로 구경이 군수로 전임해도 강등이라고 볼 수 없을 만큼 중앙과 지방은 관계가 소원하지 않았다.

중앙, 군, 현 3급만 있었다는 점이 중요하다. 등급이 적으니 관리하기가 편했다. 하급의 상황을 상급에 전달하기 어렵지 않고 정책 강령이 원활하게 통해 최저 비용으로 최대 효율을 거둔 셈이었다. 군의 숫자를 80개 이내로 통제하면 한 군이 10~20개의 현을 관할하므로 중앙집권 체제의 대국 입장에선 가장 합리적인 배치였다.

그러나 후한부터 중앙과 지방은 더 이상 간단명료한 관계가 아니게 되고 등급도 점점 많아졌다. 후한 때는 군 위에 주州가 있었고 당·송

13 『한서』「순리전循吏傳」 참고.

시기에는 주(부府) 위에 도道나 노路가 있었다. 원나라 때는 노 위에 행성行省이 있었고 명·청 시기에는 성 위에 독督과 무撫가 있었다.

물론 명·청의 총독과 순무는 이론상 중앙에서 지방으로 주재원으로 파견한 전문 요원이며 중앙정부의 관직과 직함을 함께 가지고 있었으므로 엄밀히 말하면 지방 관리는 아니다. 포정사布政使와 안찰사按察使야말로 성장省長이었다. 당나라의 도와 송나라의 노, 원나라의 행성도 처음에는 행정구역이 아니었다. 하지만 현의 상급 기관과 상급 책임자가 갈수록 많아진 것은 의심할 여지가 없는 사실이다.

이것은 한 무제와 관계있다. 최초로 군·현 위의 행정구역인 주를 발명한 이가 한 무제이기 때문이다.

그러면 주부터 얘기해보자.

목민과 목관

지방 행정장관인 주관州官을 한나라 때는 주목州牧이라고 불렀다.

'목'은 오래전부터 있었던 관직명이다. 요순시대에는 12목이 있었는데 대부락의 추장이었고 부락 연맹의 직무를 겸임했다. 12목 위에는 4악嶽이 있었는데 소연맹의 맹주였다. 나중에 목은 서서히 백성을 다스리는 관리의 호칭이 되면서 목부牧夫, 목령牧令, 목수牧守, 목백牧伯이라고 불렀다.

국민을 관리하는 것이 방목과 같은가?

그랬다. 한 무제가 도덕의 모범으로 세운 애국 상인 복식은 그렇게 생각했다. 복식은 많은 돈을 기부하고도 관리가 되길 거부했다. 이에 한 무제는 "짐의 상림원上林苑에 가서 양을 방목하라!"고 했다.

복식은 상림원의 양을 토실토실하게 키웠다.

한 무제는 크게 칭찬했다.

그런데 복식은 “백성을 관리하는 것도 양을 치는 것과 같답니다!” 라고 했다.

한 무제는 이 말을 듣고 복식에게 현령을 맡겼다. 뜻밖에도 복식은 두 현을 차례로 맡아 모두와 조화롭고 평안하게 지냈다.[14]

현령이든 군수든 기르는 것은 매한가지 아닐까?

실제로 지방 관리는 제국의 양치기였고 이들의 관할 지역은 목축지였다. 복식처럼 조금 괜찮은 양치기는 기본적으로 아무것도 하지 않고 순리에 맡겼으며, 영성처럼 조금 나쁜 양치기는 악하고 잔혹하다고 하여 '양치기 늑대'라는 비판을 받았다.[15]

이렇게 보면 주관을 주목이라고 부른 것도 이상하지 않다.

한 무제는 주를 설치하면서 파견한 관원을 주목이 아니라 자사刺史라고 불렀다. 자사의 임무도 목민이 아니라 목관, 즉 관리를 다스리는 것이었다. 이들의 관리 대상은 군수와 군위, 현령과 현장이었다.

한 무제는 왜 이렇게 했을까?

제국이 너무 컸기 때문이다. 통계에 따르면 '진나라에는 36개의 군이 있었고 한나라에는 군이 100여 개, 현이 1300개 정도 있었으며 '관리는 좌사佐史부터 승상까지 12만282명이 있었다.'[16] 이렇게 방대한 그룹을 황제 혼자서는 절대 관리할 수 없으므로 관원들을 보내 관원들을 관리하게 할 수밖에 없었다.

 관리를 다스리는 관리도 두 종류였다. 하나는 상급 관원이고 다른

14 『사기』「평준서」 참고.
15 『사기』「혹리열전」 참고.
16 『한서』「백관공경표」 참고.

하나는 감찰 관원이었다. 사실 상급이 하급을 관리하는 것은 처음부터 감찰의 직책이었다. 그런데 상급 관원에 승상도 포함된 것이 문제였다. 승상도 감찰을 받아야 했다. 그 결과 상대적으로 독립성을 지니고 직접적으로 황제에게 책임을 지는 감찰 관원들이 생겨났다.

이런 관원을 어사御史라고 불렀다.

어사도 오래전부터 있었으나 한나라 때 와서야 감찰 관원이 되었다. 이후 중화 제국의 중앙 소속인 감찰 관원을 모두 어사라고 불렀다. 감찰의 장관과 차관은 명·청 이전에는 어사대부와 어사중승이라고 불렀고 명·청 이후에는 어사와 부도어사副都御使라고 불렀다. 지방에 파견된 경우 진나라와 한나라 초기에는 감어사監御史, 무제 이후에는 자사, 당나라에서는 감찰사, 송나라에서는 감사監司라고 불렀다.

감찰 관원은 지위가 높았고 그들의 법관法冠은 해치관獬豸冠이라고 했다. 해치는 불법 행위자들을 보면 뿔로 받는다는 상상의 동물이다. 그래서 중대한 탄핵 사건을 처리할 때 어사들은 머리에 해치관을 쓰고 안쪽은 흰색, 겉은 붉은색인 법복을 입고서 황제와 관리들을 앞에 두고 조정에서 고소장을 낭독했다. 탄핵을 당한 관원은 즉시 일어나 처벌을 기다려야 했으며 예외는 일체 없었다.

어사는 신분과 직권도 특수했다.

첫째, 권한이 컸다. 위로는 재보宰輔까지, 아래로는 군·현까지 다른 감찰 관원과 자신의 직속 상사를 포함해 모두 탄핵할 수 있었다. 어사대부 장탕은 하마터면 보좌관인 어사중승 이문李文의 손에 잘릴 뻔했다.

둘째, 책임이 가벼웠다. 바람에 풀이 움직이는 소리만 듣거나 유언비어만으로도 고발할 수 있었고 사실 확인에 대한 책임을 질 필요가 없었으며 반좌反坐 처벌을 받지도 않았다. 그래서 '풍문으로 임금에게 보고한다'고도 하고 '풍문으로 일을 적발한다'고도 했다.

셋째, 독립성이 강했다. 어사는 관원을 탄핵할 때 관련 부서에 각서를 보내 통지할 필요도, 장관에게 승인을 받을 필요도 없었다. 감찰 기관은 천자 직속의 독립 부서였고 감찰 관원도 황제에 대해서만 책임을 졌기 때문이다. 따라서 다른 관원이나 부서의 제약을 받지 않았고 반대로 모든 부서와 관원을 감독할 권한을 지녔다.

이 세 특성은 진·한에서 명·청까지 일관되게 이어졌다. 제국 중앙의 감찰부서도 줄곧 존재했는데 전한 때는 어사부御使府, 후한에서 원나라 때까지는 어사대御史臺, 명·청 때는 도찰원都察院이라 불렀다.

하지만 중앙의 감찰부서만으로는 턱도 없었다. 그래서 지방에 순시원을 파견해야 했는데, 이것이 바로 자사다. 다만 한 무제는 자사를 파견하는 동시에 감찰구도 설치했다.

감찰구는 총 13개였고 기주冀州, 병주並州, 유주幽州, 연주兖州, 서주徐州, 청주青州, 양주揚州, 형주荊州, 예주豫州, 익주益州, 양주涼州 등 지방에 12개가 있었다. 도성에 있었던 삼보三輔(경조윤京兆尹, 좌풍익左馮翊, 우부풍右

扶風), 삼하三河(하내군河內郡, 하동군河東郡, 하남군河南郡)는 홍농군弘農郡과 함께 사례부司隸部에 통합됐다. 1부와 12주를 합쳐서 13주부州部라고 불렀다.

이것은 한 무제 원봉元封 5년(기원전 106)의 일이다.

사록부의 감찰 관원은 사례교위司隸校尉라고 불렀고 봉록은 비이천석이었으며 서인청수犀印青綬를 찼다. 본부의 지방 관원들뿐 아니라 조정에 대한 감찰도 담당했으므로 지위가 높았다. 후한 시기에 사례교위는 중앙회의에 참석하면 어사중승, 상서령과 함께 전용 좌석에 앉았으므로 '삼독좌三獨坐'라고 불렀다.

12주에 파견한 자사는 봉록이 600석이었고 감찰 대상은 600~2000석의 관리였다. 여섯 가지 사항을 감찰하여 '육조문사六條問事'라고 했으며 범위를 넘어서면 관여할 수도 없고 말단 관리에게 물을 수도 없었다.

다시 말해서 자사는 백성이 아니라 관리를 다스렸고 작은 일이 아니라 큰일을 조사했다. 질문하되 정치에는 간섭하지 않았고 오래 머물지 않고 순시했다. 주에도 관청을 두지 않고 매년 8월에 도성을 떠나 연말에 조정으로 복귀했다. 자사의 주요 보좌관은 별가別駕였다. 별도로 마차 한 대를 운전한다는 뜻으로 자사를 따라 이곳저곳을 순시했다.

이처럼 자사는 지방 관리가 아니라 중앙에서 특별히 파견한 감찰

순시원이었다. 주 역시 행정구역이 아니라 감찰구역이었다. 안타깝게도 훗날 자사의 권력이 점점 커지고 관여하는 일도 갈수록 많아져서 고정된 관청이 생겼다. 관리를 다스리는 관리가 동시에 백성도 다스리게 되었고 주는 감찰구역에서 서서히 행정구역으로 넘어갔다.

전한 성제成帝 수화綏和 원년(기원전 8)에 자사는 주목州牧으로 바뀌었다. 담당하는 일은 자사와 동일했지만 등급은 훨씬 더 높아서 봉공이 2000석이고 구경에 속했다. 그 이후 수차례 엎치락뒤치락하면서 한때는 주목이라고 부르다가 또 한동안은 자사라고 불렀다. 후한 말기에 영제靈帝가 자사를 주목으로 다시 바꾸고 군정軍政의 대권을 부여했다. 한 제국의 지방 편제는 군, 현 2급에서 주, 군, 현 3급이 되었다.

이후의 당, 송, 원, 명, 청도 마찬가지였다. 제국 중앙은 감찰 관원과 감찰 기관을 끊임없이 파견했고(원나라 시기의 행어사대行御史臺 등) 또 한편으론 감찰구역과 특파원도 행정구역과 지방 관원으로 계속 바꿨다. 예를 들어 청나라 시기의 총독總督과 순무巡撫는 도찰원 우도어사右都御史(감찰부 부장)와 우부도어사右副都御史(감찰부 부부장)를 겸임했다. 이때는 한 무제가 주부를 설치하고 자사를 파견한 것과 비교할 수 없는 수준이 되었다.

벼슬길은 광활하다

관리를 다스리는 것만큼 중요한 게 관리 선발이다.[17]

한나라 때 관리를 선발하고 임명하는 경로는 찰거察擧, 징벽徵辟, 잡도雜途 세 가지였다. 찰거는 일종의 선출이며 선출은 선택과 추천이다. 역대 왕조에서 벼슬길에 오르는 가장 중요한 경로로, 정도正途라고 한다.

중화 제국의 선출 제도를 보면 한나라의 찰거, 위·진의 천거薦擧, 수·당 이후의 과거科擧 세 가지였다. 세 제도의 차이점은 과거는 시험을 통해, 천거는 검토를 통해, 찰거는 관찰을 통해 뽑았다는 데 있다. 관찰한 후에 선출한다고 해서 찰거라고 불렀다.

찰거는 제국의 중앙정부가 매우 중시했던 사항이다. 원삭 원년(기원전 128) 11월에 한 무제는 "열 가구가 있는 지역에는 필시 충실하고 정직한 사람이 있고 세 사람이 길을 가면 나의 스승이 있다"라는 조

17 이 장의 내용은 첸무의 『중국 역대 정치의 득실』, 양훙녠과 어우양신의 『중국 정제사』, 웨이칭위안과 바이예의 『중국 관제사』, 천룽퉁의 『중국 역대 직관 연혁사』, 우쭝궈가 편집한 『중국 고대 관료 정치제도 연구』, 쿵링지孔令紀가 편집한 『중국 역대 관제』(제로서사 판), 쉬롄다의 『중국 관제 대사전』 참고.

서를 내렸다. 따라서 군수, 구경, 예관禮官, 박사가 중앙정부에 인재를 추천하지 않으면 유죄였다.

관련 부서에서는 '대불경 및 직무 부적합'이라는 죄명을 내놓았다.[18]

이때부터 각지의 인재들이 끊임없이 중앙으로 유입됐다.

찰거도 효렴孝廉, 현량賢良, 수재秀才 등의 과목이 있었다. 효렴은 효자와 염리廉吏이고 현량에는 현량방정方正(현명하고 선량하며 품행이 바름)과 현량문학文學이 있었으며 수재는 수재이등秀才異等이라고 했는데 뒷날 광무제光武帝 유수劉秀의 이름을 피하여 무재茂才라고 바꿨다.

말 그대로 효렴은 덕을 중시하고 수재는 재능을 중시했으며 현량방정에서는 덕을, 문학에서는 재능을 중시했다. 하지만 전체적으로 보면 덕과 재능을 겸비하는 것이 한 무제의 방침이었다. 효렴과 수재 선발은 정해진 시간, 정원과 제도가 있는 일반 전형이었다. 현량 선발은 황제의 조서에 따라 실시하는 특별 전형이었다. 하지만 일반 전형이나 특별 전형을 불문하고 모두 관원이 추천했으며 추천을 받은 사람은 시험도 봐야 했다. 이것이 일반 관리가 벼슬길에 오르는 정규 방식이었다.

비정규적인 방식은 징벽이었다.

징벽은 징과 벽이다. 징은 황제의 징집, 즉 임용이고 벽은 관원이 채용하는 것이다. 삼공, 구경, 태수, 자사는 관원을 채용할 권한이 있

18 『한서』「무제기」 참고.

었다(관원의 보좌관은 조정에서 임명). 따라서 벽의 범위가 징보다 훨씬 넓었다.

그런데 물건은 적을수록 귀하고 자리는 황제를 통해야 존귀한 법이다. 황제가 임용한 경우가 관원에게 채용된 경우보다 훨씬 면이 섰다. 제일 폼이 나는 것은 조정에서 전용 마차를 보내 도성으로 맞이하고, 경유하는 지역에서 숙식까지 제공하는 경우였다. 황제가 성의를 표시하기 위해 재차 청하는 경우도 있었다. 이 풍습이 전해 내려온 것이 바로 유비의 삼고초려다.

선출과 징벽의 차이점이 바로 여기에 있다. 선출은 마을에서 관찰하다가 추천하는, 아래에서 위로 순차적으로 진행되는 방식인 반면 징벽은 고위층에서 점찍어 위에서 아래로 한 번에 끝나는 방식이었다. 그래서 훗날 스스로 출중하다고 여기는 이름난 선비들은 다들 징벽에 열중했다.

징벽에선 인지도를 봤고 선출에선 덕과 재능을 봤으므로 대다수의 사람이 지향하는 바였다. 인지도나 덕과 재능이 모두 불충분하면 잡도에 기댈 수밖에 없었다.

잡도의 명목도 꽤 많았다. 음습蔭襲의 경우 음은 음자蔭子, 즉 조상의 공덕으로 벼슬을 얻은 사람이고 습은 습작襲爵, 즉 조상의 봉작封爵을 이어받는 것이다. 세작은 제왕과 제후로만 한정됐고 다른 작위는 세습할 수 없었다. 음자의 경우에는 2000석 이상 등급의 관원이 만

3년간 재직하면 자제 한 명을 관리로 추천할 수 있었기에 임자任子라고도 불렀다.

이처럼 음습 제도의 수혜자는 관리들의 2세였다.

재벌 2세에게 혜택을 준 것은 자보貲補였다. '자'는 '재물 자資'와 발음이 같고 뜻도 같다. 한나라 제도에서는 집안의 재산이 10만 이하이면 이가 될 수 없었고 500만 이하이면 관이 될 수 없었다. 이 규정은 본래 부자가 관리가 되면 횡령을 하지 않을 것이라는 의도에서 만들어졌다. 그러나 시간이 지나면서 돈이 많으면 관리가 될 수 있는 것으로 변질되어 이 제도는 많은 지탄을 받았다.

그런데 가관인 건 매관매직이었다.

매직의 나쁜 전례를 맨 처음 남긴 이는 진시황이었다. 기원전 243년에 좁쌀 1000석을 받고 작위를 1급 올려주었다. 매관의 창시자는 한 무제다. 기원전 114년에 일정한 양의 식량이나 가축을 내면 평민은 이로, 이는 관으로 바꿔주었고 봉록 600석의 관직까지 오를 수 있었다.

이 아이디어는 상홍양이 낸 것이라고 한다.[19]

선출, 징벽, 음습, 자보, 매관, 매직 등 제국의 벼슬길은 참으로 광활했고 제국의 관원도 형형색색, 가지각색이었다. 이렇게 많은 관원을 어떻게 임용할지는 회피할 수 없는 문제였다.

그중에는 주목할 만한 것도 많다.

19 『사기』「진시황본기」, 『한서』「식화지食貨志」 및 『문헌통고』 참고.

실제로 제국의 관원 그룹이 이렇게 번잡해진 데에는 '부득이하다'는 이유가 컸다. 공신에게 보수를 줘야 하니 습작이 있었고 고관을 구슬러야 하니 음자가 있었다. 자연재해가 발생하거나 지출이 지나치게 많으면 자보, 매관, 매직을 할 수밖에 없었다.

다행히 진시황과 한 무제는 멍청이가 아니었다. 그들은 관리 임용이 사소한 일이 아니므로 소홀히 할 수 없다는 점을 잘 알았다. 같은 관리라도 똑같이 배치하면 안 됐다. 누구는 체면을 세워주고 누구에겐 실권을 줬다. 그러다보니 다양한 명목이 쏟아져 나왔다.

배拜: 정식 임명. 보통 고관에게 사용하며 존귀함과 영예를 나타냄.

제除: 구관을 없애고 새로운 직위를 임명함.

진眞: 정식 임명(수守에 상대적으로).

수守: 시험적으로 채용, 겸임, 대리.

가假: 정식 임명 전에 직권 대행.

평平: 업무에 참여.

영領: 업무를 겸하여 관리.

녹錄: 업무 총괄.

겸兼: 관직 겸임. 겸, 평, 영, 녹의 차이점은 겸은 관직을 겸임하는 것이고(관직과 직함이 있음) 나머지 셋은 업무를 겸임하는 것임(관직과 직함이 없음).

대조待詔: 조서가 내려온 후 취임.

가관加官: 대장군에 대사마를 붙이듯이 정식 직함에 칭호를 추가함. 직함이 추가되는 것은 중조관中朝官들로 황궁을 출입할 수 있었음.

계計: 관원의 연말 업무 보고. 상계上計라고도 함.

과課: 관리에 대한 심사. 이를 근거로 상벌을 결정했으며 고考라고도 부름.

천遷: 승진. 한 급씩 승진되면 초천稍遷, 급을 건너뛰어 승진하면 초천超遷이라고 함.

좌천左遷: 강등. 좌전左轉, 폄貶이라고도 함.

면免: 파면. 가장 무거운 행정 처벌이며 더 심각하면 실형을 내림.

목沐: 정기 휴가. 5일에 한 번, 1회에 하루. 휴목休沐이라도 함.

고告: 휴가 신청(사적인 휴가 또는 병가). 고귀告歸라도 함. 여고予告는 포상 휴가이고 사고賜告는 황제가 병가 기간의 연장을 승인함.

영寧: 복상 휴가. 고령告寧이라고도 하며 보통 3년.

치사致仕: 퇴직. 고로告老, 귀로歸老라고도 함.

선발과 임명에서 사용 및 관리에 이르기까지 한나라의 관료 제도는 상당히 세밀했음을 알 수 있으며, 아마 그 무렵 세계에 등장한 크고 작은 제국들 중에서 가장 복잡하고 완벽했을 것이다. 후대의 문관 제도와 간부 제도의 여러 요소가 여기서 거의 갖춰졌으므로 백대百代

관제의 조상이라고 할 만하다.

한나라 때 예비 관리 제도를 구축했다는 점은 더 주목할 만하다. 이 제도 덕분에 '관' '이' 두 길을 연결하고 유가, 법가 두 사상을 이어 제국은 활발하게 인재를 양성하고 관리의 행정력을 높일 수 있었다.

그러면 예비 관리에 대해 살펴보자.

장안으로 통하는 길들

한나라의 예비 관리는 낭郎이다.

낭郎은 '낭廊'이고 낭관郎官은 낭관廊官, 즉 호위병이다. 진나라 제도에서는 궁전에서 무기를 휴대할 수 없었으므로 호위병들은 처마 아래에 서 있었다. 그래서 낭중廊中이라고 하고 낭중郎中이라고도 했다. 훗날 낭중은 낭관의 하나가 되어 낭郎이라고 통칭했다.

낭관들의 장관은 낭중령郎中令이라고 했는데 한 무제가 광록훈光祿勳으로 명칭을 바꿨고 은인청수銀印靑綬를 찼으며 봉록은 중이천석이었다. 산하에 3서가 있었고 책임 사관은 좌중랑장左中郎將, 우중랑장左中郎將과 오관중랑장五官中郎將이었다. 이들 봉록은 각각 비이천석이었다.

3서가 관할하는 낭관을 삼서랑三署郎이라고 했고 의랑議郎(비육백석), 중랑中郎(비육백석), 시랑侍郎(비사백석), 낭중郎中(비삼백석)이 있었다. 이들의 임무는 숙직하며 궁전을 지키고 군주 곁에서 시중 들며 황제의 자문이나 파견을 준비하는 것이었다. 간단하게 말하면 황제 곁에서 잡일을 하는 것이었다. 그래서 정원이 없었다.

바꿔 말하면 낭관은 사실 관이 아니었다.

그런데 낭관은 '이'도 아니었다. 반대로 이가 관이 되려면 우선 낭이 되어야 했다. 한나라 제도에서 군·현과 왕국의 이들은 연말 심사에서 우수하면 지방에서 도성으로 전입되어 낭관을 보충했다. 이들을 '계리보랑計吏補郎' 또는 '상계리보랑上計吏補郎'이라고 불렀다. 이것은 지방의 말단 관리가 기사회생하는 중요한 경로였다.

물론 '이'에게는 찰거와 자보라는 두 가지 진로가 있었다. 하지만 찰거와 자보에 응하려면 먼저 낭이 되곤 했다. 사마상여司馬相如가 '자로 낭이 된' 경우인데 돈을 써서 낭관을 샀다. 임자도 마찬가지였다. 2000석 이상 등급의 관리는 자제 한 명을 관으로 추천할 수 있다는 것은 사실 낭이 되는 것이었다.

나름의 일리가 있다. 낭관은 정부에 근무하지는 않지만 정식 관원보다 황제와 더 가까이에 있었다. 아침저녁으로 함께 있는 날이 길어지면 황제는 이들을 어느 정도 파악했고 본인들도 적잖은 지식을 익힐 수 있었다. 결국 낭관들에겐 입신하여 출세할 발판이 생기고 제국에는 양성 기관이 생기니 윈윈하는 것이 아닐까?

낭서는 제국의 간부 양성반이었다.

사실상 낭관은 활로가 아주 좋았다. 외직으로 파견되면 현령, 현장, 현승, 현위였고 제일 낮은 경우에도 부현급은 되었다. 내부에서 근무하면 상서랑尙書郞이라는 황제의 정치 비서가 되었고 그 후 한 단계씩 승진하면서 고위 관리에 올랐다.

그래서 관이 되려면 먼저 낭이 되는 것이 벼슬길에 오르는 지름길이 되었고 제국의 제도 체계가 되었다. 낭으로 뽑히는 것을 낭선郞選이라 하고 낭으로 관을 보충하는 것을 낭보郞補라고 불렀다. 한나라 때는 유명 인사와 정치인이 적지 않았고 모두 낭선과 낭보 출신이었다. 한때 막강한 권력을 행사했던 대사마대장군 곽광霍光과 공자의 12세손 공안국孔安國이 그 예다. 낭은 예비 관리인 셈이었다.

예비 인력을 두는 것은 필수였고 견습의 의미도 있었다. 따라서 황제의 임용이나 현량으로 선출된 이를 제외한 나머지 각종 방식(찰거, 임자, 자보, 상계)으로 예비 관원이 된 이들은 먼저 낭서에 들어갔다.

장안으로 통하는 대로들 가운데 낭서는 환승역이었다.

특수하고 효과적인 인재 양성 및 간부 선발 제도임에는 의심의 여지가 없었다. 따라서 곧 유가 숭상이라는 기본 국책과 결합되기 시작했다. 졸업시험 성적이 우수한(갑등) 태학생은 낭으로 입관하여 보랑이라 불렀고 합격(을등)한 경우 외직으로 나가 이가 되었으며 보리라 불렀다.

보랑이 되면 당연히 전도가 유망했고 다음 단계는 낭보였다. 보리도 낙심할 필요가 없었다. 우선은 한동안 낭서에 있어야 했지만 찰거,

상계 등의 방식으로 이가 되어 관을 보충할 수 있었다. 특히 군수나 현령이 선출한 효렴은 반드시 먼저 낭중을 거쳐야 했다.

다시 말해 청년 지식인의 진로는 두 가지였다. 하나는 태학생에서 낭을 거쳐 관이 되는 것이고 두 번째는 태학생에서 이가 된 후 낭을 거쳐 관이 되는 것이었다. 후자는 돌아가긴 해도 의미가 컸다.

관과 이, 유가와 법가를 총괄한다는 데 의미가 있었다.

앞서 말했듯이 진나라는 이치의 천하였다. 진나라에선 관이 이였고 이가 관이었다. 혹은 모두 사무관이거나 기술관이었다. 진나라 사람들이 보기엔 재무회계와 법률 인재들이면 나라를 다스리기에 충분했다. 반면 한나라 사람들은 방대한 제국이 오래도록 사회 질서를 안정되고 태평하게 유지하려면 기술만 있어서는 안 되고 정치를 해야 한다고 생각했다. 그래서 사무관이 있어야 하고 정무관이 있어야 했다.

정무관은 문관이고 사무관은 문리다.

문리와 문관, 둘 중 하나라도 없어서는 안 되었다.

사실상 한 제국에는 관리를 선발하는 경로가 두 가지 있었다. 하나는 문학이라고 불렀고 하나는 이도吏道라고 불렀다. 이도는 이에서 관이 되는 것이고 문학은 시사가부詩詞歌賦가 아니라 경전 문헌이었다. 무제 이후부터는 유가 경전을 지칭했다. 즉 시와 서書를 충실히 공부하는 것이 문학이었고 밑바닥부터 시작해 사욕을 버리고 공익에 힘쓰며 총명하고 유능하여 발탁되는 것이 이도였다.[20]

20 문학과 이도라는 표현은 『문헌통고』「선거고팔選擧考八」 참고.

장탕은 이도의 길을 걸었고 공손홍은 문학을 기반으로 했다.

양한 시기에는 이 두 노선이 공존했고 상충하지 않았다. 무제에서 후한까지 '삼공벽소, 사과취사三公辟召 四科取士(삼공은 천거하고 4과로 선비를 취한다)'가 행해졌다. 4과는 다음과 같다.

덕행: 도덕적 자질을 보는 것, 명경明經: 학술 수준을 보는 것, 명법明法: 법률 지식을 보는 것, 치극治劇: 집정 능력을 보는 것.

네 번째가 가장 재미있다. 당시 제국의 중앙정부는 치리의 난이도에 따라 군·현을 극劇과 평平으로 나눴다. 평은 치리하기가 쉬운 곳이고 극은 자연 조건이 열악하고 백성이 골치를 썩이는 곳이었다. 그래서 치극 과목에서는 '이'의 능력을 봤다.[21]

사실 어느 과목이든 모두 능력을 테스트했다. 확실히 직책을 감당할 수 있어야 정식으로 임명했다. 그렇지 않으면 선출됐다 하더라도 중앙에서 반품해버릴 수 있었다. 어찌됐건 나라를 다스린다는 것은 지극히 실질적인 일이기 때문에 언변만 좋아서는 소용이 없었다.[22]

한 무제가 문리를 우선적으로 택한 이유가 바로 여기에 있다.

물론 가장 이상적인 것은 덕과 재능을 겸비하고 문무를 고루 갖춰 정치도 알고 업무도 아는 인재였다. 이것이 바로 공손홍이 환영받은 이유다.

마찬가지로 태학생으로 이를 보충하고 상계리로 낭을 보충한 의도도 여기에 있었다. 선출된 말단 '이'들은 능력이 문제가 되진 않았지만

21 옌부커의 『제국 초기의 관료정치 제도: 진·한』 참고.

22 위굉衛宏의 『한구의漢舊儀』에는 "한 제국은 선비를 취할 때 '능력을 시험하여 믿을 만하면 관리로 삼았다" "적당하지 않은 자는 관직을 반환했다"고 되어 있다.

정치를 배우고 정세를 파악해야 했으므로 낭으로 썼다. 태학생은 학문에는 문제가 없었지만 실제 운영 능력에 한계가 있어서 단련이 필요했으므로 이로 썼다.

이로 기용된 태학생은 예외 없이 본적지로 돌아갔다. 한나라에는 '군수·현령은 반드시 외지인이어야 하고 군·현의 이는 반드시 현지인이어야 한다'는 불문율이 있었기 때문이다. 각 지역의 청년들은 군·현에서 태학으로, 다시 태학에서 군·현으로, 또다시 군·현에서 낭서로 다니면서 알게 모르게 중앙과 지방을 연결시켰다.

문리와 문관의 경계도 점점 모호해졌다. 후한 말기에 가서도 법가의 혹리들과 유가의 추종자들은 여전히 별개 집단으로 존재했고 관치도 단번에 이루어지지는 않았지만 한나라 제도는 진나라 제도와 확연히 달랐고 저울도 이치에서 관치로 기울어졌다. 최소한 제국의 정부는 더 이상 도필리의 천하가 아니었다. 무제는 문리를 중용하는 한편 창문을 활짝 열고 사방에서 불어드는 바람을 맞이했다.

그 창문이 바로 낭서다.

당시를 생각해보면 낭서는 굉장히 시끌벅적했다. 임자의 관리 2세, 자보의 재벌 2세, 향·리의 가난한 수재들, 군·현의 도필리들이 빽빽하게 들어차 북적대며 모여 있었다. 그랬다. 한 무제는 인재를 기용하는 데 있어 한 가지 방식에 구애받지 않았고 낭서에 들어가는 이들 중에는 괴짜와 특이한 인물도 적지 않았다.

동방삭東方朔이 그 예다.

동방삭이 간 길은 이도도 아니고 문학도 아니었다. 그는 상서를 올려서 관직을 얻었다. 동방삭의 상주문은 목간木簡이 3000개여서 관련 부서에서 건장한 사내 둘을 보내 겨우 옮겼고 한 무제는 다 보는 데 2개월이 걸렸다고 한다.

그리하여 자칭 '방년 22세, 키 9척 3촌, 구슬처럼 맑은 눈, 조개처럼 가지런한 치아'의 괴짜는 낭으로 임명되었다.

한번은 한 무제가 동방삭과 한담을 나눴다.

한 무제가 물었다. "선생이 보기에 짐은 어떤 군주입니까?"

동방삭이 말했다. "폐하 같은 분은 이제까지 없었습니다! 폐하의 공덕은 삼황오제를 뛰어넘습니다. 폐하의 조정을 보십시오! 승상은 주공周公, 어사대부는 공자, 장군은 강태공, 정위는 고요皐陶, 대사농은 후직後稷, 소부는 이윤伊尹, 대홍려는 자공子貢, 박사관은 안회顔回, 낭중령은 자로子路, 군수는 자산子産, 선봉에 선 개척자는 후예後羿이니 인재가 넘칩니다!"

한 무제는 껄껄 웃었다.[23]

동방삭은 당연히 반농담으로 한 말이었다. 그러나 한 무제의 시비와 공과는 피할 수 없는 문제다.

그러면 우리는 어떻게 평가해야 할까?

23 『사기』「골계열전滑稽列傳」, 『한서』「동방삭전東方朔傳」 참고.

곽거병이 점점 능력을 드러내면서
그에 대한 한 무제의 총애와 신임이 위청을 넘어섰다.
이에 대해 위청은 담담한 듯했다.
위청에게는 자신의 모든 것이 황제가 준 것이었고
황제는 그의 모든 것이기도 했던 것 같다.
황제가 없으면 위청도 없었다.

제5장

시비공과

외척 정치

대장군 위청

흉노 문제

쿠데타와 정치체제 개혁

과실과 공적이 어찌 윤대를 뉘우친 것에 있겠는가?

제국은 어떻게 형성되었나?

외척 정치

후원後元 2년(기원전 87) 2월에 한 무제 유철이 세상을 떠났다. 한 무제는 임종 전에 즉위한 한 소제 유불릉劉弗陵을 위해 정무를 보좌할 대신 넷을 지목했다. 대사마대장군 곽광霍光, 좌장군 상관걸上官桀, 거기장군 김일제金日磾, 어사대부 상홍양이 그 주인공이다.[1]

이 팀은 한 무제 일생의 총결산이라고 할 수 있다. 곽광과 상관걸은 정치를 대표하고 상홍양은 경제를, 김일제는 외교를 대표한다. 한 무제의 시비와 공과는 이들의 이야기부터 시작해도 괜찮을 듯싶다.

우선 곽광과 상관걸부터 살펴보자.

곽광과 상관걸은 둘 다 외척이다. 다만 상관걸의 외척 신분은 스스로 강구한 것이다. 당시 한 소제는 여덟 살이어서 누나인 개장공주蓋長公主가 키웠다. 엄마나 다름없었던 공주는 동생을 위해 황후를 물색했다. 상관걸은 놓칠 수 없는 기회라 여기고 머리를 굴리기 시작했다.

1 『한서』「소제기昭帝紀」「곽광김일제전霍光金日磾傳」 참고.

상관걸은 정외인丁外人이라는 유세객을 찾았다.

정외인은 누구인가? 장공주의 정부情夫였다. 한나라 때 공주가 정인을 두는 것은 드물지 않았다. 한 무제의 고모이자 장모인 관도공주館陶公主는 자신보다 30여 세나 어린 정인 동언董偃을 건사했다. 한 무제는 나무라기는커녕 그 집에 손님으로 가서 동언을 '주인 어르신'이라고 부르기도 했다.[2]

한 소제와 곽광도 마찬가지로 장공주와 정외인의 연인관계를 공개적으로 인정했다. 상관걸도 성공적으로 추진한 결과 여섯 살짜리 손녀가 황후로 책봉됐다. 처음에는 곽광이 찬성하지 않긴 했지만.

사실 곽광과 상관걸은 사돈관계여서 상관걸의 손녀는 동시에 곽광의 외손녀이기도 했다. 원래대로라면 외손녀가 황후가 되어야 가까스로 외척이 될 수 있었지만, 곽광은 훨씬 더 정당한 명분으로 황제의 친척이 되었다. 곽광이 처음에 이 혼사에 찬성하지 않았던 것은 두 아이가 너무 어렸기 때문이다.[3]

그러면 상관걸은 왜 그렇게 속이 바짝바짝 탔을까?

훗날 곽광이 어떻게 황제를 폐위시켰는지를 보면 알 수 있다.

원평元平 원년(기원전 74) 2월에 한 소제가 겨우 22세의 나이로 세상을 떠났다. 김일제는 이미 병으로 사망하고 상관걸과 상홍양도 궁정 권력 투쟁으로 패망한 때였다. 대권을 독점한 곽광은 군신들의 의견에 아랑곳하지 않고 한 소제의 조카인 창읍왕昌邑王 유하劉賀를 천자로

2 『한서』「동방삭전」 참고.
3 『한서』「외척전」 참고.

세웠다.

그러나 창읍왕이 도성에 입성한 지 27일 만에 곽광은 그가 눈에 거슬려 폐위시키고자 했다. 또한 곽광은 이 과정에서 대사농 전연년田延年과 거기장군 장안세張安世 두 사람의 사전 동의만 얻어서 이 일을 처리해버렸다.

사실 소제가 즉위한 초기에 곽광은 이미 상서 업무를 겸하여 관할하고 있어서 직위는 승상의 아래였지만 권한은 승상보다 위였다. 따라서 손쉽게 승상, 구경, 장군, 열후, 어사, 박사를 미앙궁으로 불러 회의를 열었다. 곽광이 말했다. "창읍왕은 행동하는 것이 혼란스러워 사직에 해를 입힐까 걱정입니다. 어떻게 하면 좋겠습니까?"

모두 대경실색하여 눈을 휘둥그레 뜨고 말을 얼버무렸다.

그런데 전연년이 자리에서 나와 손으로 칼자루를 쥐며 말했다. "여러분, 이것은 의논할 가치도 없는 일입니다. 선제께서 황태자를 대장군에게 맡기신 것은 대장군이 충성되고 어질어 천하를 안정시킬 수 있기 때문이었습니다. 그런데 이렇게 정세가 뒤숭숭하고 사직이 무너지면 대장군이 저세상에 가서 무슨 낯으로 선제를 뵙겠습니까? 신속히 결정하십시오. 머뭇거리는 사람은 칼을 받아야 할 것입니다!"

이 말을 들은 군신들은 황급히 바닥에 엎드리며 이구동성으로 말했다. "만민의 목숨이 장군의 한 몸에 달려 있습니다. 우리는 대장군의 명령만 따르겠습니다!"

그리하여 곽광은 황태후(즉 그의 외손녀)를 화려하게 치장하여 미앙궁에 앉혔다. 칼을 든 호위병들과 창을 든 무사들이 궁전 밑에 열을 지어 있었다. 문무백관이 차례로 전에 올랐고 그다음 창읍왕을 불러온 뒤 상서령이 탄핵 상소문을 낭독했다.

이 역시 당연히 의논되지 않았던 그림이다. 태후는 심지어 상서령이 상소문을 다 읽기도 전에 분노를 터뜨렸다. 승상 양창楊敞이 주도한 탄핵 청구까지 승인되자 곽광은 창읍왕에게 감사히 조서를 받으라고 명령했다.

창읍왕은 얼떨떨했다. 그는 『효경』의 말을 인용해 자신을 변호했다. "천자유쟁신칠인, 수연무도야불시천하天子有爭臣七人 雖然無道也不是天下."

경전도 어설프게 인용한 걸 보니 창읍왕도 어지간히 답답했던 모양이다. 『효경』의 이 어구는 '천자에게 전력하여 보좌하는 신하가 서넛 있어 직언하여 바로잡아주면 무슨 일이 있어도 천하를 잃지 않는다'는 뜻이다. 그러면 물어보자. 창읍왕 곁에 그런 쟁신이 있었는가?

없었을 가능성이 크고, 있다 해도 소수였을 것이다.

곽광은 이 쓸모없는 인간과 말을 섞기도 귀찮아했다. 곽광이 말했다. "태후로부터 폐위의 명을 받은 자가 어찌 아직 천자인가?" 말을 마치고 가서 창읍왕의 손을 잡고는 황제의 옥새와 수대綬帶를 풀어 태후에게 주었다. 곽광은 또 말했다. "대왕이 스스로 목숨을 끊으셔도 신들은 사직을 저버릴 수 없습니다. 대왕은 알아서 하시고 저희는 함께하지 못함을 양해해주시기 바랍니다."

단명한 황제 유하는 이렇게 제위를 잃었고 그를 따랐던 200여 명은 전부 현장에서 사형을 당했다. 사형을 집행하기 전 이들은 울면서 "진작 곽광을 죽이지 않은 것이 후회된다. 결단을 내리지 않아서 도리어 화를 당했다!"고 소리쳤다.

창읍왕이 폐위된 뒤 죽은 태자 유거劉据의 손자인 유병이劉病已가 천자로 세워졌다. 그가 바로 한 선제宣帝다. 선제는 즉위할 때 18세였으나 친정親政에 나서지 못하고 대소사를 모두 곽광에게 의존했다. 곽광은 정사를 천자에게 맡기겠다는 의사를 표시했음에도 말이다.

유씨 일가의 천하였지만 실질적인 주인은 곽씨였다.

실제로는 곽광이 병으로 죽고 6년 뒤에야 선제가 권력을 찾아왔다. 그 이후 곽씨 가문의 세력을 제거하는 데 다시 2년이 걸렸다. 그럼에도 선제는 아직도 가슴이 두근거렸다. 선제가 말했다. "전에는 외출할 때마다 곽광과 동승하여 가시방석에 앉은 것 같았는데 장안세의 마차를 타니 마음이 편하구나."[4]

말이 나온 김에 얘기하면 장안세는 장탕의 아들이다.

위풍당당한 한나라의 황제가 신하를 호랑이처럼 여기다니, 외척의 위세가 어땠는지를 가늠할 수 있다. 상관걸이 외척이 되기에 급급했던 것이 전혀 이상하지 않다.

물론 상관걸은 실패한 외척이다. 무제 초기에 두영과 전분이 서로

4 이상은 모두 『한서』 「곽광김일제전」 참고.

타격을 입었던 것처럼 그는 곽광과 반목하여 원수가 된 뒤 와르르 무너졌다. 마찬가지로 곽씨 일가가 대숙청을 당한 것도 여씨 일가와 다를 바가 없었다.

그런데 외척은 줄곧 매우 활발한 정치 세력이었다. 전한 때는 곽광 이후 왕망王莽이 있었다. 후한 때는 두헌竇憲 이후에 양기梁冀가, 양기 이후에는 두무竇武가, 두무 이후에는 하진何進이 있었다. 양한의 정치는 상당 기간을 외척이 장악했다.

아마 한 고조와 한 무제는 이런 상황을 생각하지 못했을 것이다.

그렇다. 두 사람은 오로지 공신(이성 제후)과 종실(동성 제후)을 방비할 생각만 했지 외척도 황권을 위협할 것이라는 점은 짐작하지 못했고 훗날 한나라를 전한과 후한으로 두 토막 낸 것이 외척이라는 사실은 더욱 예상하지 못했다.

유방에게 선견지명이 없었다고 책망할 필요는 없다. 사실 양한으로 갈라지긴 했어도 각기 존재한 연수가 결코 짧지 않았다. 전한은 유방이 황제라 칭하고부터 왕망이 왕위에 오를 때까지 210년간 지속됐고, 후한도 유수가 왕위에 오르고부터 동탁董卓이 도성으로 들어올 때까지 164년간 건재했다.

무엇보다 한나라 황제들이 외척의 신세를 진 데에는 그만한 이유가 있었다. 우선 여태후가 태후가 조정에 나오는 선례를 남겼고 여태후는 그럴 자격도 있었다. 또 한편으론 공신과 종신을 모두 방비하려면 기댈 곳은 '내 사람'과 외척밖에 없었다.

제국이 아직 미성숙하고 통치 계급의 경험이 부족해서 인사를 제도보다 중시했음을 알 수 있다. 그러나 한 무제에게도 책임이 없지는 않다. 한나라를 두 토막 낸 칼을 그가 만들었기 때문이다.

그 칼은 대장군이었다.

대장군은 진나라에도 있었고 한나라에도 있었다. 진의 장수 백기白起, 한의 장수 한신은 둘 다 대장군을 지냈다. 하지만 그들이 맡았던 대장군은 군대의 계급이지 관리의 직함은 아니었다. 이런 대장군들은 조정을 신경 쓰지 않았다. 1국 2정부를 실시한 것은 대장군이 상서 업무를 관할하여 조정의 우두머리와 진짜 재상이 되고부터이며, 한 무제가 그 포문을 열었다.

그다음은 안 봐도 훤하다.

사실상 양한 정치에서 외척은 거기장군 염현閻顯을 제외하고 곽광, 왕망, 두헌, 등즐鄧騭, 양기, 두무, 하진은 모두 대장군이었다. 왕망과 곽광은 무려 대사마대장군이었다.

의심할 바 없이 문제가 있다. 대장군, 표기장군, 거기장군은 모두 군의 보직임을 알아야 한다. 군인 정치는 관료 정치와 대립하고 외척 정치는 황권 정치와 상충한다. 외척을 지도자와 보좌관으로 두고 군인을 정권에 끌어들이는 것은 제국의 취지에 어긋나는 것이 아닌가?

당연히 그랬다.

◎ 무제, 소제, 선제 3대의 외척관계도

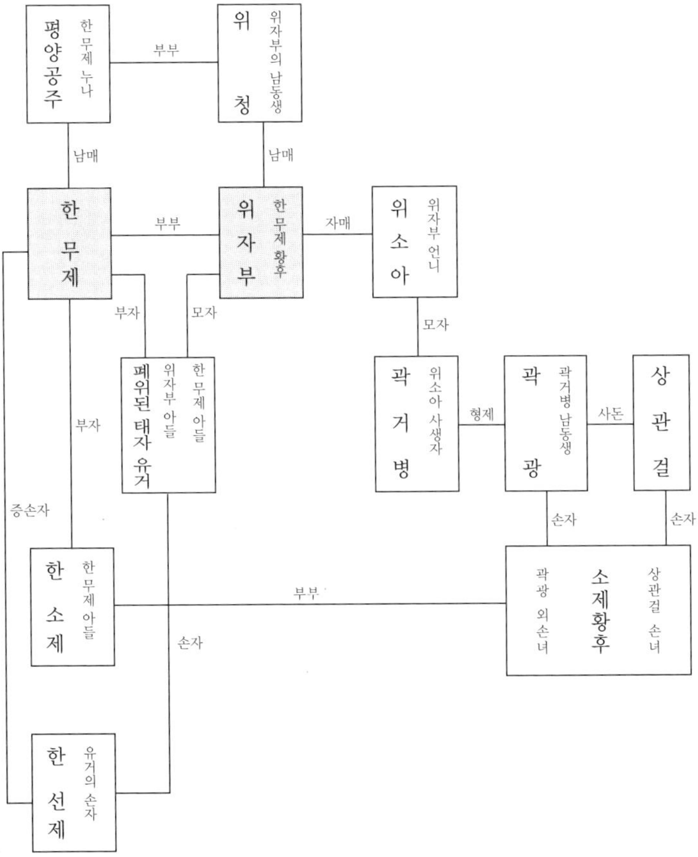

한 무제가 정부로부터 권력을 빼앗기 위해 대사마대장군이 상서 업무를 관할하는 조치를 발명한 것은 당장 편하자고 엄청난 후환을 남긴 임시방편이었다. 다만 당시에는 이런 해악이 드러나지 않았다. 그 직위를 처음 맡은 사람이 하필 위청이었기 때문이다.

대장군 위청

위청은 자신이 대장군이 될 것을 전혀 생각하지 못했다.[5]

물론 그는 훗날 평양공주平陽公主를 아내로 맞을 것도 예상하지 못했다. 사실 위청은 원래 평양공주 부府의 기노騎奴였고 모친인 위씨는 평양공주의 하녀였다. 위씨는 3남 3녀를 낳았는데 차녀가 곽거병의 모친인 위소아衛少兒, 삼녀가 위황후인 위자부衛子夫이고 위청은 이들의 동생이다.

그러나 위청은 원래 성이 정鄭이고 부친은 정계鄭季다. 정계가 평양공주부에서 심부름꾼을 할 때 위자부의 어머니와 사통하여 위청을 낳았다.

이렇게 출신이 불분명한 아이는 외할머니와 삼촌들에게 당연히 사랑받지 못했고 정계의 정실부인 아들들도 위청을 형제로 여기지 않았다. 오로지 노역하던 죄수 한 명이 "얼굴이 참으로 귀상이구나. 장

5 위청에 관한 내용은 『사기』「위장군표기열전衛將軍驃騎列傳」, 『한서』「위청곽거병전衛青霍去病傳」 참고.

차 제후로 봉해지겠다"고 말했다.

위청은 웃으며 말했다. "하녀에게서 난 아들이 매 맞지 않고 욕먹지 않으면 양호하지 제후로 봉해지는 것이 가당키나 합니까?"

곽거병도 비슷했다.

곽거병도 사생아로 부친은 곽중유霍仲孺였다. 곽중유는 위소아와 사통하여 곽거병을 낳았고 나중에 다시 아내를 맞아 곽광을 낳았다. 따라서 곽광과 곽거병은 배다른 형제다. 훗날 곽광도 능력을 발휘했지만 처음에는 당연히 곽거병의 후광을 입었다.[6]

사실 곽광을 장안으로 데려가 낭관이 되게 하고 그때부터 벼슬길에 오르게 한 이가 바로 곽거병이다. 그리고 곽거병이 한 무제의 시야에 들 수 있었던 것은 모친인 위소아가 황후 위자부의 언니이기 때문이었다.

한 무제가 위청이라는 인재를 발견한 것도 마찬가지였다.

따라서 위자부가 없었으면 훗날의 이야기들도 없었을 것이다. 그런데 위자부가 자신의 운명을 지배할 수 있던 적이 있었는가? 위자부는 평양공주부의 가녀에 지나지 않았고, 기노였던 남동생과 마찬가지로 종이었다.

그런데 운명의 신이 하필 그녀에게 광림했다.

사실 한 무제에겐 원래 황후가 있었다. 이름은 진아교陳阿嬌로 부친은 항우 군대의 장수인 진영陳嬰의 증손이었고 모친은 훗날 어린 애

6 곽광과 곽거병의 부친을 『한서』「위청곽거병전」에서는 '곽중유霍仲孺'라 하고 『한서』「곽광김일제전」에서는 '곽중유霍中孺'라고 한다.

인을 두었던 관도공주다. 유철이 어릴 때 공주 품에 앉아서 진아교를 얻을 수 있으면 금으로 지은 집에 그녀를 숨겨놓을 것이라고 했다고 한다.[7]

좋은 집에 미인을 감춰둘 만큼 대단히 총애한다는 금옥장교金玉藏嬌라는 성어가 여기에서 나왔다.

이것은 당연히 소설가들의 말로 전혀 신빙성이 없다. 유철과 아교의 결합은 정치적인 목적을 띤 정략결혼의 성격이 강했다. 결혼 뒤 두 사람의 감정이 틀어진 것을 역사가들은 아교가 총애만 믿고 교만하게 굴었기 때문이라고 하나 딱히 믿을 까닭은 없다. 하지만 아들이 없었던 것은 사실이다.

그리하여 평양공주는 신경을 쓰기 시작했다.

평양공주는 무제와 한 부모에게서 난 친누나이고 큰누나다. 누나는 동생을 아끼는 법이다. 평양공주는 절색의 미녀 10여 명을 모아 정성껏 교육하고 화려하게 치장해 무제가 손님으로 집에 왔을 때 한꺼번에 선보였다.

그런데 한 무제는 한 명도 마음에 들어하지 않았다.

그런데 위자부가 나와서 노래하자 한 무제는 눈이 반짝였다. 무제가 옷을 갈아입는다는 핑계로 휘장으로 들어가자 위자부도 옷을 들고 들어갔고 한 무제는 한 치의 주저함도 없이 위자부를 자신의 여자로 만들었다.

7 실제로는 왕검王儉이 지었으나 반고가 지은 것으로 전해지는 『한무고사漢武故事』 참고.

평양공주는 뜻밖의 성공을 거뒀다. 맞다. 이것은 평양공주가 마음에서 우러나와서 한 일이었고 정치적인 투자이기도 했다. 따라서 위자부가 입궁하기 전 평양공주는 그녀의 등을 쓸며 말했다. "장차 존귀한 몸이 되시면 나를 잊어서는 안 됩니다!"[8]

위자부는 잊지 않았지만 관도공주는 속이 타들어갔다. 조급한 마음에 비밀리에 위청을 잡아 모살할 준비를 했다. 이 소식을 들은 무제는 위청을 건장궁建章宮의 궁감宮監 겸 시중侍中으로 임명했다. 시중은 당시에 권신의 자제들이 서로 차지하려고 다툰 높은 자리였는데 한 무제는 위청에게 주었고, 나중에는 곽거병에게 주었다.

이때부터 위씨 가문의 운명이 백팔십도로 바뀌었다.

위자부가 황후로 책봉된 것은 원삭 원년(기원전 128) 3월이다. 위자부가 태자 유거를 낳은 덕분이었다. 위청도 같은 해에 제후로 봉해졌는데 황후의 덕을 봐서가 아니라 공을 세웠기 때문이다.

전공을 세운 것은 흉노를 토벌하면서였다. 거기장군을 담당하던 때에 위청은 세 차례 병사를 이끌고 출격했는데 1차 전투에서 용성龍城(흉노가 천제와 조상 제사를 지내던 곳)까지 진격해 관내후關內侯로 봉해졌고 2차 전투에서 하남河南(네이멍구 자치구 허타오河套 지역)을 수복하여 장평후長平侯로 봉해졌다. 3차 전투에서는 우현왕右賢王(흉노의 서열 3위)을 포획해 대장군으로 봉해졌다.[9]

위청은 승승장구했다.

8 『한서』「외척전」 참고.

9 이 세 차례 전투가 일어난 시기는 원광 원년(『한서』 기준. 『사기』에서는 원광 5년이라고 나옴) 원삭 원년, 원삭 6년이다.

그가 운이 좋아서라기보다는 능력이 있었기 때문임을 인정해야 한다. 실제로 한 무제는 외척이라고 해서 다 쓰지는 않았고 능력이 없는 외척은 대우만 해주고 권력은 주지 않았다. 또한 곽거병이 점점 능력을 드러내면서 그에 대한 한 무제의 총애와 신임이 위청을 넘어섰다.

이에 대해 위청은 담담한 듯했다. 위청에게는 자신의 모든 것이 황제가 준 것이었고 황제는 그의 모든 것이기도 했던 것 같다. 황제가 없으면 위청도 없었다. 그렇기 때문에 한 무제가 평양공주를 아내로 맞으라고 했을 때도 위청은 그대로 따랐다.

위청이 평양공주와 결혼한 것이 언제인지는 확실하지 않고 당시 공주의 남편이 중병을 얻어 봉국으로 돌아간 것만 확실하다. 공주는 주위 사람들에게 열후 중에서 남자를 찾아달라고 했고 사람들은 이구동성으로 대장군이 제일 괜찮다고 했다.

평양공주는 웃으며 말했다. “우리 집에서 말을 타고 내 뒤에 따라다니던 사람인데 말이 됩니까?”

사람들이 말했다. “지금 대장군보다 더 존귀한 사람이 있습니까?”

공주는 고개를 끄덕이며 위자부에게 뜻을 전하라고 시켰고 위자부는 한 무제에게 보고했다. 무제는 누나에게 위청을 선물로 주었다.

어쩌면 위자부가 평양공주에게 보답한 것일 수도 있다.

반면 위청은 한 무제에게 보답했다. 평생 자발적으로 한 무제의 절대적 권위를 지켰다. 원삭 6년(기원전 123)에 위청은 여섯 장군을 이끌고 흉노를 토벌했는데 우장군 소건蘇建은 군대가 전멸하고 홀로 도망쳐서 돌아왔다. 이런 패장을 어떻게 처리해야 할지에 대해 군법관들은 의견이 엇갈렸다.

대장군 위청은 황제에게 재량권을 넘겼다. 위청이 말했다. "저는 물론 군법으로 처리할 권한이 있습니다. 그러나 저 위청은 아직 제 마음대로 나라 밖에서 형을 집행할 만큼 존중과 총애를 받는 형편이 아니오니 부정함에 대하여 신하를 훈계할 순 있어도 독단적으로 처리해서는 안 되지 않습니까?"

나중에 한 무제는 소건을 사면했다. 그리고 소건의 아들 소무蘇武는 역사상 가장 지조 있는 외교관이 되었다. 소건은 위청에게 고대 명장을 본받아 현인을 초빙하고 인재를 받아들여 명성을 높이라고 조언했다. 그런데 위청은 이렇게 대답했다. "예의와 겸손한 자세로 인재를 널리 모으는 것은 군주의 권리입니다. 신하 된 자는 공무에 충실하고 법을 준수하며 직책에 충실하기만 하면 됩니다. 왜 명사들을 자기 문하에 들여야 합니까?"

곽거병의 스타일도 마찬가지였다.

이런 외척과 대장군을 두고 한 무제가 안심할 수 있었을까?

물론 안심할 수 있었다.

한 무제가 안심할 수 없는 것은 흉노였다.

흉노 문제

흉노는 한 제국 최대의 외환外患이었다.

흉노는 북방의 유목민족이다. 흉노의 내력에 관해서 우리가 아는 것은 사실 미미하다. 흉노는 최고 수령을 선우單于라 하고 그 아래에 좌현왕左賢王과 우현왕右賢王이 있으며 그 외에 각종 명목의 왕이 있어서 동쪽으로 한반도 이북, 서쪽으로 서역 각국의 광활한 영토를 통치하고 있었다는 게 아는 것의 전부다.

흉노는 중국 초한楚漢 전쟁 때 부상했다. 당시의 선우는 묵돌冒頓이었는데 '시작'이라는 뜻이라고 한다. 그래서 일부 역사학자는 '묵돌 선우'라는 호칭이 진시황을 표절한 것이라고 여기기도 한다.[10]

그런데 묵돌 선우의 태도는 조금도 표절자 같지 않았다. 한 혜제 때 묵돌 선우는 여태후에게 서신을 보내기도 했다. "폐하께서는 수절 중인 과부이시고 과인은 배우자를 잃었으니 피차 외로운 처지에 하나

10 타이완 학자 푸러청傅樂成이 『중국 통사中國通史』에서 인용한 팡좡유方壯猷의 설명 참고.

로 합쳐 유무상통有無相通하며 지내는 것이 어떠신지요?"

이것이 무슨 프러포즈인가? 명백히 치욕이었다.

여태후는 발끈 화를 내며 진평, 번쾌, 이포를 소집하여 대책을 논의했다.

번쾌가 말했다. "신이 병사 10만을 이끌고 흉노들을 헤집고 다니겠습니다."

여태후는 이포의 의견을 물었다.

이포가 말했다. "번쾌는 머리가 떨어져도 쌉니다! 옛날 고황제의 장병 32만 명이 평성에서 흉노에게 포위됐었습니다. 번쾌는 장군이 되어서 포위를 뚫지도 못해 지금까지 사람들에게 비웃음을 사고 있습니다. 이제 와서 또 저리 허풍을 치다니 아첨일 뿐이겠지요!"

여태후는 하는 수 없이 분을 삭여야 했다.[11]

이 분을 삭인 지가 60년이 되었다. 게다가 흉노는 정직성도 없고 계약정신 또한 없었다. 유방 때부터 한나라 황제들은 선우에게 공주를 여러 차례 시집보냈지만 화친으로 평화를 바꿀 수는 없었다. 유목민족으로 말을 타며 활을 쏘는 흉노인들은 무력 정복만을 숭상해 상대가 장인어른인지 따위는 개의치 않았다.

한 무제는 전쟁을 개시하기로 결정했다.

이때부터 한 무제는 공주나 비단, 돈과 식량이 아니라 위청, 곽거병의 군대를 보냈다.

11 『한서』「흉노전匈奴傳」 참고.

군대는 한 제국이 보유한 전략 전술의 대대적인 조정을 거쳐 조직됐다. 대규모 군단 하나에 독립된 작전 조직이 여럿 포함되고 각 조직을 용맹하며 싸움에 능한 장군이 통솔하는 것이 특징이었다. 전군을 통솔하는 최고 사령관은 전한의 위청, 곽거병, 이광리, 후한의 두헌 등 대부분 외척이 맡았다.

이전에 개별 병력으로 작전을 펼칠 때보다 훨씬 더 강력했다. 적군의 후방으로 깊숙이 들어가 섬멸전을 펼칠 수 있었기 때문이다. 흉노의 주력군인 공현控弦, 즉 활쏘기에 능한 병사는 30만이었다. 그러나 무제는 전투 초반 10년간 적군 20만의 목을 베었다.[12]

이런 군대는 배치도 호화롭기 마련이다. 원삭 6년(기원전 123) 위청 군단의 경우 산하에 중장군 공손오, 좌장군 공손하, 전장군 조신趙信, 우장군 소건蘇建, 후장군 이광, 강노장군強弩將軍 이저李沮가 모두 한 번에 선발되어 정예 군대라고 할 수 있었다.

여건이 좋으면 성공하기 쉽다. 강력한 전투력을 갖춘 군대는 파죽지세로 쳐들어갔다.

한 무제가 경제체제 개혁을 전면적으로 추진한 해이기도 한 원수 4년(기원전 119)에 대장군 위청과 표기장군 곽거병은 각기 기병 5만을 선봉으로 세우고 보병 수십만을 후방에 배치하여 대규모 출정에 나섰다. 이 전투에서 위청의 군단은 1000여 리 떨어진 변방으로 진격해 치안산寘顔山(지금의 몽골 두란하라 산都蘭哈拉山)까지 이르렀고 곽거병의 군

12 이 10년은 원삭 원년(기원전 128)에서 원수 4년(기원전 119)까지로 총 8회 출격했다. 데이터는 두웨이윈杜維運의 『중국 통사』 참고.

단은 2000여 리 떨어진 봉랑거서封狼居胥(지금의 몽골 컨터 산肯特山)로 출격해 흉노의 중심지에 한나라의 깃발을 높다랗게 꽂았다.

그 이후로 고비사막 이남에서 다시는 흉노의 통치 주둔지인 왕정王庭이 등장하지 않았다.

사실 흉노는 이미 그전에 중상을 입었었다. 원수 2년(기원전 121)에 신임 표기장군인 곽거병이 군대를 이끌고 변방으로 출격했다. 다섯 왕국을 거치고 언지산焉支山을 넘어(하서주랑河西走廊에 위치) 절란왕折蘭王과 노후왕盧侯王을 죽이고 혼야왕자渾邪王子를 붙잡은 뒤 또 단숨에 기련산祁連山까지 공격해 혼야왕과 휴도왕休屠王을 투항하게 만들었다.

투항은 했지만 과정이 복잡했다. 당시 한 무제는 흉노가 거짓으로 투항할 것을 우려해 곽거병에게 가서 맞이하라고 명령했다. 곽거병이 진영에 도착했더니 역시나 혼야왕의 부하가 투항하려 하지 않았다. 그래서 곽거병은 즉시 결단을 내리고 진영으로 돌진해 혼야왕과 대면했으며 도망자 8000명을 참살했다. 그다음 혼야왕을 앞서 걷게 하고 자신은 여유롭게 투항한 졸병들을 재편하여 도성으로 들어갔다. 투항한 이의 수가 10만 명이라고 알려져 있다.[13]

김일제가 장안에 온 것이 이때였다.

훗날 어린 황태자의 보살핌을 부탁받을 정도의 대신이 된 김일제는 이때만 해도 전쟁 포로였다. 김일제는 흉노 휴도왕의 태자다. 휴도왕은 혼야왕과 한나라에 투항하기로 공모했다가 일이 코앞에 닥치자 후

13 『한서』「위청곽거병전」 참고.

회했고 결국 혼야왕에게 살해됐다. 당시 14세였던 김일제와 어머니, 남동생은 장안으로 끌려와 입궁해 노비가 되었다.

어느 날 한 무제가 말을 보러 갔다.

말은 김일제 등이 키웠는데 통통하게 살이 오르고 몸집도 컸다. 김일제 본인도 8척 2촌(약 186센티미터 이상)의 키에 용모가 반듯하여 한 무제는 몹시 흡족해했다. 출신을 물은 뒤 바로 김일제를 마감馬監으로 임명했고 다시 시중侍中에 올렸다. 위청, 곽거병과 같은 대우였다.[14]

이렇게 또 한 명의 노복이 두각을 드러내기 시작했다(출신은 왕자였지만). 그가 흉노족이란 점이 더 중요하다. 한 무제는 차별 대우를 하기는커녕 김일제를 매우 총애했다. 맞다. 무제는 수십 년간 흉노와 싸웠지만 그것은 국가의 안보를 위해서였지 종족을 말살하려는 의도는 아니었다.

한 무제는 민족주의자가 아니라 국가주의자였다.

흉노가 마지막에 자취를 감춘 큰 원인은 내란이었다. 후한 건무建武 22년(기원후 46)에 흉노는 남과 북, 두 부족으로 분열됐다. 남흉노의 선우 왕조는 조조 시대에 끝났고 이후 점차 한나라와 다른 민족으로 융합됐다. 북흉노는 후한 영원永元 3년(기원후 91)에 전쟁에서 패한 뒤 행방이 묘연해졌다. 5세기 중엽에 유럽을 활보한 '신의 징벌Scourge of God' 아틸라Attila가 바로 북흉노 선우의 후예라고 주장하는 사람도 있다.

 반대로 한 제국은 판도를 확장하고 있었다. 원래 흉노의 통치를 받

14 『한서』「곽광김일제전」 참고.

았던 서역이 한나라에 굴복했고 현재의 네이멍구와 간쑤 성 경내에 새로운 행정구역이 설치되었다. 그중 삭방朔方, 오원五原 두 군을 설치한 것은 위청이 거둔 전과였고 무위武威, 장액張掖, 주천酒泉, 돈황敦煌 네 군을 설치한 것은 곽거병의 공로였다.

한나라와 흉노의 관계는 이미 굳어졌다.

그런데 이것은 무수한 생명과 피, 돈으로 맞바꾼 것이었다.

전쟁에서 승리함으로써 무제와 한나라 사람들은 기를 폈지만 한편 백성을 혹사시키고 물자를 낭비했다는 씁쓸함이 남았다. 원삭 6년의 전투에서는 장병들에게 하사한 상금만 20여 만 근斤이었고 적군에 포로로 잡혔던 수만 명에게도 상을 내리는 바람에 대사농은 다시 관직을 팔고 금 30여 만 근을 팔아야 했다.

2년 뒤 혼야왕이 와서 투항해 군수품, 상금, 접대비로 총 100억이 넘는 자금을 썼다. 5년 뒤에는 위청과 곽거병이 다시 흉노 토벌에 나섰는데 말이 10여 만 필이나 죽었고 상금으로 50만 근을 썼다.[15]

한 제국에 팔 수 있는 관직이 얼마나 더 남았을까?

안타깝게도 흉노와의 대규모 전쟁은 일단락됐지만 무제는 변방 개척 사업을 과감하게 추진했다. 유럽, 아시아, 아프리카를 휩쓴 알렉산더 대왕처럼 조선, 서역, 동구東甌, 양월兩越을 평정하고 서남이西南夷를 정복했다.

한 무제의 야심은 끝나지 않았다. 천한天漢 2년(기원전 99)부터 정화征和

15 이상의 수치는 『사기』 「평준서」 참고.

3년(기원전 90)까지 한 무제는 또 세 차례에 걸쳐 외척인 이사장군 이광리를 보내 흉노를 토벌했다. 1차 때는 이릉이 흉노에 항복했고 2차 때는 성과 없이 돌아왔으며 3차 때는 전군이 전멸한 데다 이광리 자신도 항복했다.

이때에 가서야 한 무제는 정신이 들었다. 이광리가 항복한 다음 해에 한 무제는 윤대輪臺 동쪽에서 둔전屯田을 실시하자고 했던 건의를 부인하고 대외정책을 조정하며 사업의 중심을 옮기겠다는 조서를 내렸다. 역사적으로는 '윤대죄기輪臺罪己'라고 한다.[16](죄기는 황제가 자신의 죄과를 반성하는 조서. 한 무제가 정화 4년에 내린 윤대죄기 조는 '황로'사상을 다시 중시하여 무위이치를 통해 백성을 안정시키고 경제력을 회복시키겠다는 내용이며, 중국 역사상 내용이 풍부하고 완벽하게 보존된 최초의 죄기 조로 꼽힘—옮긴이)

사실 이 조서는 '죄기 조'라고 부를 수 없으며(구체적인 이유는 이 책의 후기 참고) '과거의 잘못을 자책하고 후회했다'는 것도 역사가들의 표현이다. 한 무제는 자신의 노선과 정책에 대해 근본적으로 반성한 적이 없었고 철저히 부정하거나 완전히 뒤엎을 생각은 더더욱 없었다. 반대로 2년 뒤 한 무제는 곽광, 상관걸, 김일제뿐 아니라 상홍양까지 고명대신顧命大臣으로 지명했다.

상홍양은 한 무제 때 경제 정책을 제정한 주역이고 무제의 정치 노선을 대표하는 인물이기도 하다. 윤대에 둔전병을 두자는 건의는 바로 상홍향이 제기한 것이었다. 이 건의는 부결되었지만 그렇다고 과거

16 『한서』「서역전西域傳」 참고.

의 방침이 모두 부정된 것은 아니었다. 다만 한 무제의 외교 정책, 군사 정책, 경제 정책이 시험대에 올랐고 상홍양이 변호인 역할을 감당해야 했다.

그러면 상홍양은 어떻게 했을까?

쿠데타와 정치체제 개혁

상홍양은 살해당했다.

이는 물론 정치 투쟁의 결과다. 원봉元鳳 원년(기원전 80)에 상관걸, 상홍양은 개장공주와 밀모해 궁정 쿠데타를 일으켜 곽광을 죽이고 소제를 폐위한 뒤 유단劉旦을 태자로 세웠다. 소식이 새어나가자 반란의 무리는 일망타진되었고 연왕, 개장공주는 자살했으며 상관걸, 상홍양은 사형이 집행되었다.[17]

사실 시작할 때만 해도 상관걸 등은 일을 크게 벌일 생각이 없었고 곽광만 제거할 계획이었다. 그래서 연왕의 상소문을 위조해 곽광이 병력을 이동시켜 도성에서 계엄을 발동하고 반역을 꾀하려 한다고 고발했다.

이 사건이 곽광을 사지로 몰아넣은 것은 당연했지만 상소문이 언제 전달되었는지가 문제가 되었다. 당시의 제도에 따르면 대신은 상소

17 『한서』「소제기」 참고.

를 올릴 때 정본과 부본 2부를 써야 했다. 상서는 부본을 먼저 보고 임금에게 올릴지 여부를 결정했다. 그런데 곽광은 '상서의 일을 관할하는' 사람이었다. 곽광이 상소문을 압수했다면 공든 탑이 무너졌을 것이다.

상관걸은 시간차를 이용해 곽광이 휴가를 갔을 때 상소문을 올리는 방법을 썼다. 한 소제의 입에서 말 한마디만 나오면 바로 손을 쓰려는 게 이들의 생각이었다. 가능성이 없지는 않았다. 당시 소제는 겨우 14세였으니까.

그러나 소제는 한마디도 하지 않았다.

이튿날 입궐한 곽광은 화실畫室까지 가더니 걸음을 멈췄다.

한 소제가 물었다. "대장군은 어디 있습니까?"

상관걸이 대답했다. "연왕이 대장군을 고발하여 들어오지 못하고 있습니다."

이에 곽광은 안으로 들어가 관모를 벗고 머리를 조아리며 사죄했다.

한 소제가 말했다. "관모를 쓰십시오. 이 서신은 가짜이고 장군은 무죄입니다."

곽광이 물었다. "그걸 어찌 아십니까?"

한 소제가 말했다. "장군은 광명廣明(지명)으로 가서 공무를 처리한 것이지 어찌 병력을 이동했겠습니까? 병력을 옮겼다 하더라도 연왕이 어떻게 알았겠습니까? 게다가 장군이 정말 반역을 도모했더라면 교위校尉(한나라 때 궁성의 방위 등을 담당하던 무관—옮긴이)들은 필요도 없었을 것입니다."

상서들은 소제의 분석을 듣고 몹시 놀랐다. 황제를 이용할 방도가 없는 상관걸은 궁지에 몰려 이판사판으로 행동할 수밖에 없었다.[18]

사실 이 사건은 미심쩍은 구석이 있다. 14세의 아이도 간파할 수 있는 속임수를 음모와 책략이라고 할 수 있을까? 상홍양이 지모가 많은 사람이었다는 데 수긍할 수 있는가? 이런 계략이 성공한다면 운이 너무 좋은 것이다.

어찌됐든 상홍양은 결국 말려들어갔다. 그러면 상홍양은 왜 상관걸과 한패가 되어 곽광에 반대했을까?

이익 다툼뿐 아니라 노선 투쟁도 있었다.

투쟁은 쿠데타가 일어나기 1년 전부터 본격화되었다. 당시 곽광은 새로운 정책을 실시하려고 직권을 이용해 전국 각지에서 60여 명의 유가학도(현량문학)를 섭외했고 어사대부 상홍양과 경제 정책을 논의하여 소금·철·주류를 국영화해야 할지 민영화해야 할지를 공개적으로 토론했다. 역사에서는 이를 '염철회의鹽鐵會議'라고 한다.

염철회의를 기록한 저서가 『염철론鹽鐵論』이다.

회의에 대한 기록이 아주 흥미롭다.

말 그대로 염철회의에서 토론한 내용은 원래 경제 문제였다. 제대

18 『한서』「곽광김일제전」 참고.

로라면 국영으로 민영을 대체하는 것이 적절한지, 독점 경영이 필수인지, 경제의 맥을 어떻게 장악해야 하는지 등등을 토론하는 자리여야 했다. 그러나 안타깝게도 유가는 경제에 약했고, 그런 탓에 양쪽은 도무지 말이 통하지를 않았다.

예를 들어 상홍양은 흉노를 토벌하고 변경을 지키려면 돈이 필요하므로 경제체제를 개혁하자고 말했다. 국고가 부족하니 돈을 벌어야 하고, 전방의 장병들을 언제까지나 굶주림과 추위에 내몰 수는 없는 노릇이 아니냐고 주장했다.

이때 나와야 할 올바른 대답은 "정책을 바꾸면 돈이 생길 것이다"였다.

그러나 유생들의 대답은 "도덕을 중시하고 용병을 경시하는 것이 세상의 정도다. 흉노는 야만스러우니 우리의 정신문명을 세우는 데 박차를 가해 문명으로 그들을 감화하고 교화해야지, 어찌 먼 길을 고생스럽게 가서 토벌을 하나?"였다.

뜻은 확실했다. "그런 전쟁은 아예 하지를 말아야 한다"는 것이었다.

이게 무슨 말인가! 전쟁을 해야 하느냐 마느냐가 경제 실무 회의에서 논의할 문제인가? 이것은 군사회의에서 논의할 내용이다.

유생들의 대답은 동문서답이 아닌가?

무엇보다 나무는 가만히 있고 싶어도 바람이 흔들어댄다. 내가 흉노를 치지 않으면 흉노가 나를 칠 것이다. 출정을 하지 않아도 응전은 해야 할 것 아닌가? 전쟁을 하려면 돈이 필요한데 소금·철·주류의 전매 경영과 평준법, 균수법을 취소하면 돈이 어디서 나는가?

유생들은 당연히 대답하지 않았을 것이다. 대답할 수 없었기 때문이다.

대답할 수 없으니 탁상공론만 번지르르하게 늘어놓을 수밖에 없었다. 유생들은 말했다. "승리하는 자는 전쟁을 하지 않고 전쟁에 능한 자는 군대를 인솔하지 않으며 군대 인솔에 능한 자는 진을 치지 않는다. 제왕이 인정을 행하면 천하에 적이 없는데 뭐하러 그렇게 많은 돈을 쓰는가?"[19]

이건 뭐, 할 말이 없다.

상홍양이 왜 이처럼 논리가 통하지 않는 자들에게 공연히 입만 아프게 얘기했는지 모르겠다. 황제의 조서가 있어서였을 수도 있고 상홍양이 할 말이 있어서였을 수도 있다. 어쩌면 그 기회에 창끝을 자기편에 돌려 한 무제와 자신을 위해 멋들어진 변론을 하고 싶었는지도 모른다.

반면 곽광이 정치체제를 개혁하고자 한 건 분명하다. 물론 곽광은 정치체제를 개혁하려는 것이 아니라 일부 정책과 법규를 바꾸고 싶어했다. 이것은 필요한 일이기도 했다. 한 무제의 집권 기간에 확실히 적잖은 문제가 있었기 때문이다. 무제의 경제 정책에도 문제가 있었다. 바꾸지 않았으면 '소선중흥昭宣中興'(기원전 87~기원전 48. 전한이 안정을

19 『염철론』「본의本議」 참고.

회복하고 발전기에 놓였던 한 소제와 선제 시대—옮긴이)도 없었을 것이다.

군대가 움직이기 전에 군량이 먼저 가고 정책이 바뀌기 전에 여론이 앞서는 법이다. 곽광이 이 회의를 기획한 의도가 바로 여기에 있었다. 전국 각지에서 섭외한 60여 명의 현량문학은 곽광이 지원군으로 내세운 총알받이였다.

정작 현량문학들은 그렇게 생각하지 않았다. 그들이 보기엔 한 무제가 유가를 숭상하는 것으로 알려져 있었지만 사실 법을 중시했다. 유가는 겉으로는 위상이 높은 듯했지만 실은 주변화되어 있었다. 어렵사리 발언권이 생겼으니 이번 기회에 진지를 탈환해야 했고 최소한 조정에서 조금이나마 유가의 입지를 다져야 했다.

이것이 염철회의가 유가와 법가의 싸움으로 변질된 원인 중 하나다.

싸움의 발단은 상홍양이었다. 현실에 맞지 않는 유생들의 터무니없는 말을 들은 상홍양은 인내심이 폭발했다. 상홍양은 씩씩대며 말했다. "편히 집에 앉아서 임무를 맡고 길을 재촉하는 고생을 모르니 당연히 빈정대는 것이 실제로 일을 하는 것보다 쉽겠지요. 고금의 일에 정통하지 못하고 실정에 어두운 말만 번드르르하게 하는 사람을 어디에 쓰겠소?"

상홍양 등은 또 말했다. "유가를 숭상한 이래로 무황제는 현량을 추천하고 문학을 선발했으며 민간을 두루 다니며 목마른 사람이 물을 찾듯 인재 얻기를 간절히 원하셨습니다. 그런데 선출된 유생들 중에 황제의 걱정을 분담하며 백성에게 이로운 일을 추진하고 폐단을 없애는 자가 하나라도 있습니까? 한 명도 없습니다!"

이때 유생들도 그간 쌓인 원한이 화산처럼 폭발했다.

현량문학들은 말했다. "이게 유가에 문제가 있는 것입니까? 아닙니다. 조직의 노선과 간부 정책, 여론의 방향에 문제가 있습니다. 무황제는 영토를 개척하려고 권모술수를 들이고 흉악하며 잔인한 인물을 기용했습니다. 전쟁을 하려면 돈이 필요하니 이익을 늘리는 신하들을 세웠습니다. 이익이 흥하면 의義는 닫힙니다. 사회 기풍이 날로 나빠지고 민심은 예전 같지 않아 범죄율이 높습니다. 이런 때에 혹리를 중용해야겠습니까?"

이에 유생들은 비통하게 말했다. "어쩐지 황제 곁에는 죄다 기회를 틈타 사리사욕을 채우는 작자들만 있더니, 우리 한 왕조가 이익을 탐하여 지휘봉을 휘둘렀군요! 공손홍 하나만 발탁해서 무슨 소용이 있습니까?"[20]

하하, 유가가 논리를 중시하지 않는다고 누가 그랬나? 유가는 나름의 방법이 있었다.

상홍양도 당연히 다른 방법이 있었다. 상홍양이 보기에 나라를 다스리려면 현실 문제에 대처해야 하고, 현실 문제는 흉노의 침략과 약탈이었다. 도적을 지배하려면 군대를 강화해야 하고 군대를 강화하려면 나라를 부유하게 해야 하며, 나라를 부유하게 하려면 재테크를

20 『염철론』「자복刺復」 참고.

해야 하고 재테크를 하려면 실속을 차려야 했다. 탁상공론은 나라를 망치고 실질적인 행동은 나라를 부강하게 한다. 국가가 필요로 하는 것은 현실적으로 착실하게 일하는 사람이다.

이런 생각도 마찬가지로 공감대를 형성하지 못했다.

하지만 각자 내세우는 논리에 상관없이 양쪽의 주안점은 더 이상 경제 정책에만 국한되지 않았다. 그들이 더 관심을 기울이는 것은 조직 노선, 정치 노선과 사상 노선이었다. 조직 노선은 문관과 문리, 정치 노선은 왕도와 패도, 사상 노선은 유가와 법가를 둘러싼 다툼이었다.

이것이 바로 염철회의의 의의다.

곽광의 정치체제 개혁은 그다음이었다.

그러나 상홍양과 한 무제를 법가로 본다면 큰 실수다. 상홍양은 맞지만 무제는 아니다. 물론 무제는 유가도 아니었다. 사실 무제는 꼬리표를 붙이기가 어렵다. 무제를 유가로 보거나 법가로 본다면 나무만 보고 숲을 보지 못하는 혼자만의 착각이 된다.

그러면 무제의 진면목은 뭘까?

과실과 공적이 어찌 윤대를 뉘우친 것에 있겠는가?

한 무제는 사실 불쌍하다.

염철회의가 열린 것은 시원始元 6년(기원전 81)으로 한 무제가 사망한 지 겨우 6년 뒤였다. 아직 시체도 썩지 않은 때였다. 그러나 현량문학들의 일부 발언에는 이미 장안을 뭉개고 철저히 숙청하겠다는 뜻이 컸다. 한 무제가 없었다면 현량문학 따위는 있을 수도 없었지만.

회의는 끝나도 논쟁은 끝나지 않았다.

본시本始 2년(기원전 72)에 한 선제는 한 무제를 위해 묘호를 세우겠다는 조서를 내렸다. 이는 당연히 큰일이었다. 한나라는 후세와 달리 황제라고 해서 모두 사후에 묘호廟號가 있었던 것은 아니기 때문이다. 그 전까지는 고황제 유방과 문황제 유항만 있었다. 묘호는 고조와 태종이었고 혜제와 경제는 시호만 있었다.

선제는 증조부 유철도 묘호가 있어야 한다고 생각했다.

물론 무황제는 묘호를 받을 자격도 충분했다.

그런데 하후승夏侯勝이라는 유생이 공개적으로 반대했다. 한 무제는 큰일을 벌이고 공을 세우길 좋아해 군사력을 동원하여 전쟁을 일삼고 무수한 사람을 죽였으며 돈을 물 쓰듯 하여 나라를 허허벌판으로 만들고 백성을 도탄에 빠지게 했다는 이유에서였다. 이렇게 인덕이라곤 전혀 없는 황제가 어찌 묘호를 가질 수 있단 말인가?

이 말에 조정 안팎이 떠들썩했다. 고관들이 일제히 하후생을 꾸짖으며 "어찌 황제의 뜻에 반대하느냐?"고 하자 하후승은 "황제의 뜻이면 어떻습니까? 솔직하게 말하는 것이 신하의 도리입니다. 이미 뱉은 말이니 만 번의 죽음도 마다하지 않겠습니다!"라고 말했다.

물론 무제에게 묘호를 세우자는 제안은 그대로 통과되었다. 묘호는 세종世宗이었다. 하지만 하후승의 반대 의견도 사실대로 기록되어 전해지고 있다. 하후승 자신은 2년간 옥살이한 뒤 석방되었고 한 선제에게 예우를 받았다.[21]

이게 무슨 뜻인가?

첫째, 한나라 때는 언론의 자유가 상당히 있었다.

둘째, 하후승의 비판은 기본적으로 사실이었다.

사실 하후승이 말한 것이 전부가 아니었다. 하고자 했다면 많은 형벌과 세금, 요괴 숭배, 막무가내식 정벌, 기복이 심한 정서 등도 추가할 수 있었다. 사마광은 심지어 한 무제의 악행이 거의 진시황에 근

21 『한서』「수양하후경익이전眭兩夏侯京翼李傳」 참고.

접하나 다만 그는 좋고 나쁨을 식별하고 충언을 받아들였으며, 옳고 그름을 알고 사람을 쓸 줄 알아 한나라가 멸망할 지경까지는 가지 않았다고 했다.[22]

그러나 진시황도 진심에서 우러나오는 찬미를 받지 않았던가? 이처럼 문제는 어떻게 평가하느냐가 아니라 평가의 입장이다.

하후승은 분명히 유가의 입장이었고 훗날의 반고와 사마광도 마찬가지였다. 그런데 한 무제는 고대에는 유가에게 욕을 먹었고 근현대에는 유가를 숭상했다고 비난을 받았으니, 그야말로 여기저기서 욕먹는 신세가 됐다.

시를 한 편 읽어보자.

> 절대적인 경륜과 재능이지만, 그 과실과 공로는 윤대의 뉘우침과는 상관없지絕大經綸絕大才, 罪功不在悔輪臺.
> 백가가 그친 뒤에는 기이한 재주도 사라졌으니 영영토록 나라에 화근을 심었네百家罷後無奇士, 永爲神州種禍胎.[23]

시의 뜻은 명확하다. 한 무제가 뛰어난 재능과 원대한 계략을 지녔던 것은 의심할 바가 없으나 최대의 과실은 해마다 군사를 쓴 것이 아니라 백가를 배척한 것이라는 의미다.

 논리가 없는 것은 아니다.

22 『자치통감』 권22 참고.

23 위유런于右任, 「한무제릉漢武帝陵」.

확실히 사상·문화 영역에선 한 학파만 숭상해서는 안 된다. 백가가 없으면 쟁명이 없고 쟁명이 없으면 사상이 없으며 사상이 없으면 기개와 지조가 없기 때문이다. 이와 마찬가지로 천하의 흥망과 문명의 성과를 일굴 기이한 인재가 어디에 있겠는가? 노예만 있을 뿐이다.

문제는 이 화근을 정말 한 무제가 심었느냐는 것이다.

꼭 그렇지만은 않다.

사실 한 무제의 '백가 배척, 유가 숭상'은 조건부였다. 관학의 범위로만 한정됐다. 즉 백가를 배척한다는 것은 제자의 박사관을 설치하지 않은 것뿐이고, 유가를 숭상하는 것도 시와 서를 익히면 벼슬길에 오르기가 더 쉽다는 것뿐이었다. 민간에서는 백가도 배척되지 않고 유가도 숭상되지 않았다.

사실 정부도 유가의 천하는 아니었다. 장탕이 유가였나? 위청이 유가였나? 상홍양이 유가였나? 한 무제가 정말 유가만 숭상했다면 현량문학들이 어찌 그 모양이 되었겠는가?

무엇보다 한 무제 시대에도 기이한 인재가 없었던 건 아니다. 급암은 아니었나? 하후승은 아니었나? 사마천은 어떤가? 의종義縱은 탈세자를 고발하도록 한 고민법告緡法을 저지하다가 죽기까지 했다. 더군다나 의종은 혹리였다. 그런데도 기개가 있었다.

동방삭도 있다.

사마천은 동방삭을 「화계열전」에 넣었다. 동방삭은 한 무제 쪽에서

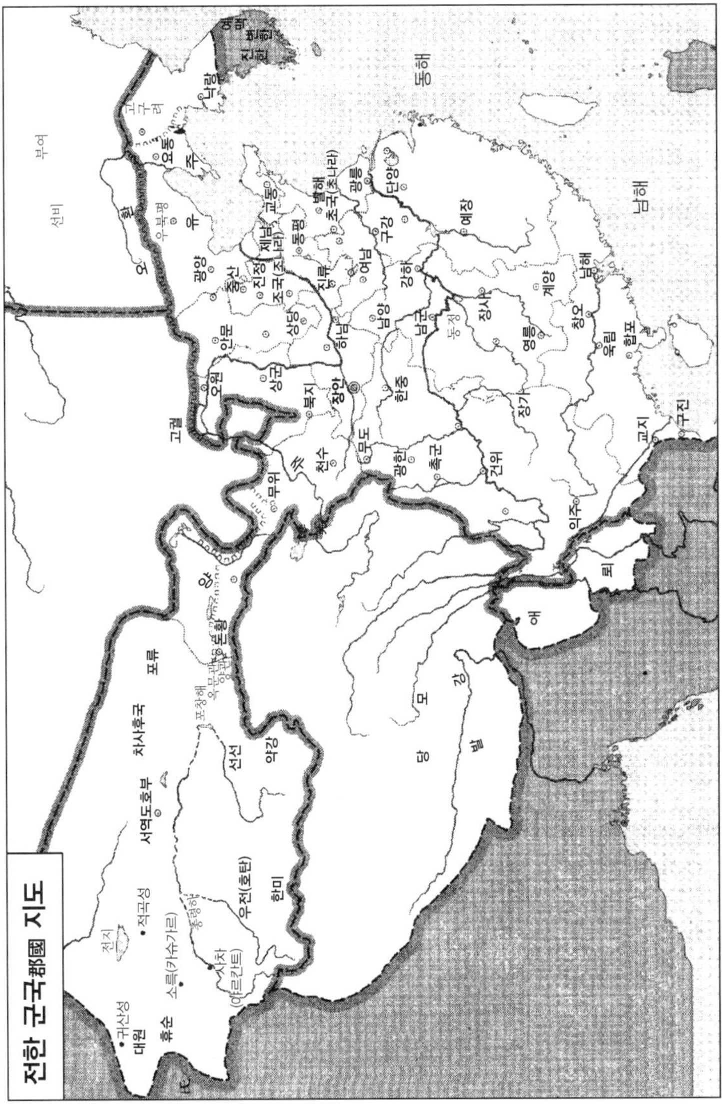

◎ 톈창우·안쭤장이 편찬한 『진한사』 95페이지에서 인용.

도 연극배우 같은 위치였다. 그러나 무제가 관도공주의 정인인 동안을 연회에 초대했을 때 동방삭이 조정의 존엄성을 지키기 위해 문 앞을 창으로 가로막는 바람에 무제는 장소를 옮겨야 했고 동안도 뒷문으로 가야 했다.[24]

기이한 인재의 기개는 이름 없는 인물들에게도 존재했다.

이름을 남기지 못한 그 인물은 궁중에서 도장을 관리하던 낭관이었다. 어느 날 밤 궁에 귀신이 나타났다. 당직을 서던 대사마대장군 곽광은 사고가 날까 싶어서 낭관에게 옥새를 달라고 했다. 낭관이 주지 않자 곽광이 가서 빼앗으려고 했다. 낭관은 칼자루를 쥐며 엄중하게 말했다. "신의 머리는 가져가셔도 옥새는 가져가실 수 없습니다!"

막강한 권력을 지녔던 곽광도 "그래그래"라는 말만 되풀이할 수밖에 없었다.[25]

이상한 일도 아니다. 무제 시대는 진나라 이전과 시기상 많이 떨어지지 않았고 새로 살림을 시작한 한 제국도 혈기가 넘쳤다. 역사가들의 말처럼 당시의 중국인은 후대보다 훨씬 더 진솔하고 훨씬 더 용감했으며 훨씬 더 질박하고 강직했다. 한나라는 기개가 웅대하고 분방하며 무게감이 있었다.[26]

부드럽고 변화무쌍하면서 내면의 총명함을 겉으로 드러내지 않는 분위기로 바뀐 것은 중당中唐(766~835)에 가서다. 유학이 진정한 통치사상으로 자리매김한 것도 송·원 이후다. 백가가 쇠퇴하고 모든 사람

24 『한서』「동방삭전」 참고.
25 『한서』「곽광김일제전」 참고.
26 왕쯔진王子今의 『한무영웅시대漢武英雄時代』 참고.

이 입을 굳게 다물게 된 것은 주원장朱元璋과 건륭제乾隆帝가 문자옥文字獄을 일으킨 뒤의 일이다.

한나라는 패도의 시대였다.

또한 한나라는 개방적이기도 했다. 장안성 안에는 세계 각국의 상인과 사절들이 넘쳐났고 별궁 근처에도 원산지가 서아시아인 개자리와 포도가 가득 심어져 있었다. 눈이 움푹 들어가고 수염이 무성한 외국인들이 장안 시장에서 가격을 흥정하고 레이디 퍼스트의 풍습을 고수했지만 황제는 이를 흐뭇하게 지켜봤다.[27]

한 무제는 스스로를 좁은 울타리에 가두는 사람이 아니었다. 또한 동중서의 말 때문에 유가에 귀의하고 다른 창문을 닫지도 않았다.

사실 무제는 진짜로 유가에 열중한 것은 아니며 동중서 같은 '순수 유가'(사실 동중서도 순수하진 않지만)보다는 공손홍 같은 '잡식성 유가'와 장탕처럼 유가로 외관을 꾸밀 줄 아는 문리를 좋아했다. 유가와 법가를 뒤섞고 왕도와 패도를 병용한 것이 그의 진면목이다.

그러면 한 무제는 화근을 남기지 않은 것인가?

물론 남겼다.

한 무제가 어떤 일을 했는지 살펴보자.

27 『사기』「대원열전大宛列傳」 참고.

제국은 어떻게 형성되었나?

한 무제는 16세에 제위에 올랐고 하늘은 그에게 충분한 수명과 시간도 주어서 향년 70세의 나이로 세상을 떠났고 재위 기간은 54년이었다. 모든 선배를 뛰어넘고 아주 오랜 뒤에야 깨진 기록이었다.

그야말로 천자요, 총아였다.

무제도 하늘의 은혜를 저버리지 않았다. 무제가 다스리는 동안 한나라의 정치, 경제, 군사와 문화가 전성기에 달했다. 영토와 세력 범위가 동쪽은 한국, 서쪽은 신장新疆, 남쪽은 베트남, 북쪽은 몽골까지 뻗어 슈퍼 대제국이라고 할 수 있었다.

문화 면에서도 찬란하게 빛났다. 철학자 동중서, 문인 사마상여, 음악가 이연년, 탐험가 장건張騫, 농학자 조과趙過, 천문학자 당도唐都와 낙하굉落下閎이 모두 이 시대에 등장했다.

물론 사마천도 있다. 한 무제는 이 훌륭한 역사가에게 매우 미안할

짓을 했지만 그의 『사기』를 좋아하지도 않았다.

그래도 사마천은 원봉元封 원년(기원전 110)의 봉선대전封禪大典을 사실대로 기록했다. 18만 기병, 1000리에 이어진 깃발, 1만8000리에 이어진 대여정은 한 무제의 공적과 명성을 드러내는 상징이기도 했다.[28]

이해에 유철은 47세였다.

사실 한 무제는 이미 10년 전에 제업帝業의 기초를 다졌었다. 원수 4년(기원전 119)에 경제체제 개혁을 전면적으로 추진했고 위청과 곽거병은 고비사막 이북까지 가서 대장군과 표기장군의 신분으로 대사마의 임무를 맡았다.

이때부터 고비사막 이남에는 흉노가 출몰하지 않았고 제국에는 내조內朝가 생겼다.

당시 한 무제는 즉위한 지 겨우 21년이었지만 실제 집권한 것은 16년이었고(앞의 6년은 태황태후가 집권) 나이는 37세였다. 자신의 제국이라는 대업을 개시하고 완성하는 데 한 무제는 반평생만 썼다.

그 후의 이야기는 긴장감이 없다. 46세에 남월南越과 서남이西南夷를 멸망시키고 47세에는 평준법과 균수법을 실시했으며 48세에는 전왕滇王을 항복시켰다. 49세에는 고조선을 항복시키고 51세에는 천하를 삼주부三州部로 나눴다.

한 무제의 걸음은 확고했다!

걸음이 확고한 것은 목표가 명확했기 때문이다. 그 목표란 천하통

28 『사기』의 「효무본기」와 「봉선서封禪書」, 리창즈李長之의 『사마천의 인격과 풍격司馬遷之人格與風格』 참고.

일, 중앙집권, 황권지상이었다. 이것은 진시황이 완성하지 못한 사업이었다.

그래서 한 무제는 즉위한 후에 잇달아 사업을 벌였다. 21세에 오경박사를 설치하고 23세에는 찰거를 실시했으며 24세에는 흉노 정벌을 시작했다. 30세에는 추은법으로 왕국의 세력을 약화시켰고 33세에는 공손홍을 승상으로, 위청을 대장군으로 임명하고 박사에 제자를 두었다.

이런 작업을 모두 35세 이전에 완성했다는 것은 특별한 의미가 있다. 유가 승상을 통해 진나라 정책이 한나라의 정책으로 바뀌었고 추은을 통해 분권이 집권으로 바뀌었다. 거현擧賢을 통해 귀족이 관료로 바뀌었고 흉노를 토벌함으로써 이적夷狄이 화하華夏로 바뀌었다. 이夷와 화華의 구분, 왕도와 패도의 전략, 고금의 변화가 모두 이 안에 포함된다.

중화 대제국이 우뚝 솟았고 한 무제의 사업은 순조롭게 진행됐다.

무제가 20대에 이론과 제도에 대한 자각이 있었다고 말할 수는 없다. 하지만 한 무제는 정치에 타고난 소질과 제왕의 직감이 있어서 정권, 특히 황권을 공고히 하는 것이 가장 중요하다는 것을 알았다. 이 목적을 달성할 수 있다면 어떤 수단을 쓰든 개의치 않았다.

그래서 태학을 세우고 유학을 발전시켰으며 진언의 통로를 열고 인재를 천거하면서도 자잘한 세상사에도 신경을 쓰고 혹리를 중용했으며 전공을 거둔 이에게 상을 내렸다. 한 무제는 조직 노선과 간부 정책에 있어 한 가지 방식에 구애받지 않았다. 그는 유가를 숭상하지 않고 자신을 숭상했기 때문이다.

그러면 한 무제는 어떤 방법을 썼는가?

밖으로는 변경을 개척하고 안으로는 권력을 회수했다. 한 손으로는 관리를 잡고 한 손으로는 돈을 잡았다.

이 치술治術의 전체를 대표하는 이들이 위청, 공손홍, 장탕, 상홍양이다. 위청은 군인이자 외척이었고 공손홍은 문리이자 유생이었다. 장탕은 법에 정통했고 상홍양은 재테크에 능했다. 그렇기 때문에 한 무제는 마음먹은 대로 순조롭게 일을 진행할 수 있었다.

돈이 있으면 일을 할 수 있고 병사가 있으면 집을 지킬 수 있다. 법을 알면 나라를 다스릴 수 있고 박학다식하면 민심을 안정시키며 혼란함을 감추고 태평스런 세상으로 꾸밀 수 있다. 그 결과 한나라는 영토 면적이 진나라의 두 배였지만 통치는 오히려 더 견고했다.

진나라는 망하고 한나라는 흥한 원인이 바로 여기에 있다.

한무의 제국도 바로 이렇게 형성됐다.

제국의 건물을 받친 것은 중앙집권, 관원대리官員代理, 윤리치국倫理治國이라는 세 개의 지주였다. 앞의 두 지주는 진나라에도 있었고 마지막 하나는 한 무제가 세웠다. 그러나 이 하나의 개혁 때문에 진나라의 정치와 제도가 한나라의 정치와 제도로 바뀌었고 제국의 제도도 확

고하게 자리잡을 수 있었다.[29]

그러면 '윤리치국'이란 무엇인가?

실은 바로 주나라 사람들이 주장했던 덕치와 예치禮治다. 따라서 주나라의 정치와 제도라고 말할 수도 있다. 주나라의 정치와 진나라의 정치, 주나라의 제도와 진나라의 제도는 대립적이다. 주나라는 방국제(봉건제)였고 진나라는 제국제(군현제)였다. 주나라의 정치는 왕도를 중시했고 진나라의 정치는 패도를 추구했다. 그래서 진나라는 덕치와 예치를 원하지 않았다.

진나라의 정치는 형치刑治와 율치律治여서 법치로 불린다.

그런데 한 무제는 진나라의 제도를 지속하는 한편 주나라의 정치도 계승했다. 즉 제도는 진나라에서, 정치는 서주와 동주에서 빌려왔다. 덕치와 예치가 통치 비용은 더 낮으면서 효과는 더 좋았기 때문이다. 군국주의나 엄격한 형벌과 법령으로는 표면적인 태평만 유지할 수 있고 통일된 사상과 가치체계가 있어야 오랫동안 사회의 안정과 태평을 확보할 수 있다.

덕치와 예치를 실시하려면 유가에 의존할 수밖에 없었다. 따라서 무제 본인은 유가를 숭상하지 않았고 선제는 더더욱 왕도와 패도의 혼용을 주장했음에도 유가 숭상이 무제 이후의 기본 국책이 되었다.

이 국책은 후대 왕조에서도 채택되었다. 유가를 숭상하지 않더라도 유가에서 주장하는 종법제宗法制와 예악제禮樂制는 그대로 실시했다. 이

29 이중톈의 『제국을 말하다帝國的終結』 참고.

렇게 보면 '백대에 걸쳐 진나라의 정치를 행했다'는 말은 '백대에 걸쳐 한나라의 정치를 행했다'고 해야 맞다.

그러면 한나라 정치의 핵심은 무엇이었을까?

황권 정치에 관료 정치를 더한 것이었다. 표면상으로는 진나라의 정치와 다를 바가 없다. 그러나 진나라는 이치의 세상이었다면 한나라는 관치와 이치가 공존했고 점차 이치에서 관치로 나아갔다. 이것은 물론 유가를 숭상한 결과였다. 실제로 관원들이 점점 유교화되면서 관료 정치가 견고해졌다.

이와 동시에 유학이 공식화되었다. 사실 정부의 이데올로기는 사상을 원하지 않는다. 공식화된 유학도 교화와 주입만 하면 되고 기껏해야 선왕의 가르침에 대한 느낌과 주석 정도만 추가하면 그만이다. 생각이 없으면 의문이 없고 비판이 없으며 쟁명이 없다. 그래야 정말로 '지치지 않고 남을 망칠 수 있다'.

'영원히 중국에 화근을 심었다'는 말은 이렇게 해석할 수 있다.

유학을 관학으로 바꾼 것도 한 무제가 책임져야 한다. 당시에도 유학은 관료 냄새가 그리 강하지 않았다. 오히려 신선하고 참신했다.

한나라의 정치를 바탕으로 주나라 문명의 혈맥이 이어졌다. 초나라 문명의 기초에 주나라와 진나라 문명이 결합된 게 한나라 문명이다. 이는 인류 역사상 최초로 등장한 세계적인 문명이며 헤아릴 수 없이 깊은 영향을 끼쳤다. 한나라의 문명과 견줄 만한 것은 로마가 유일하다.

로마가 한나라와 관계가 있을까?

저자 후기

한 무제는 자신을 책망하는 조서를 내렸는가?

『한무의 제국』을 집필하면서 넘을 수 없는 난관이 있었다. 바로 한 무제의 '윤대죄기'였다. 이 일은 늘 역사적 사실로 여겨졌고 높이 평가되었다. 존귀하고 강력한 제왕의 신분으로 한무가 자신을 책망하는 조서를 내려 자신을 비판했다니, 정말 쉽지 않은 일이었다.

하지만 이 사건에는 미심쩍은 부분이 있다.

우선 묻자. 한 무제가 조서를 내렸는가?

내렸다. 때는 정화 4년(기원전 89)이고 무슨 달이었는지는 불분명하다. 상홍양 등이 젊고 죽음을 두려워하지 않는 농민들을 모아 윤대(지금의 신장웨이우얼 자치구 룬타이)로 보내 군대로서 변방에 주둔하며 땅을 개간하도록 하자고 건의했다가 무제에게 거부당한 것이 발단이었다. 그래서 이 조서는 '윤대 조'라고도 부른다.

그러면 '윤대 조'에서 자신을 책망했는가?

아니다. 이 조서에서 가장 엄중한 말은 "짐이 잘 알지 못해서"와 "짐의 마음이 늘 비통하다"였다. "천하를 어지럽히고 백성을 걱정한 처사가 아니었다"라는 말은 상홍양 등의 건의를 비판한 것이지 스스로를 질책한 것이 아니다.

따라서 학계에서 비교적 엄격한 학자들은 이 조서를 '죄기 조'라고 하지 않고 '애통의 조' 또는 '참회의 조'라고 부른다. 사실 이 두 표현은 반고의 영향을 받은 것이다. 『한서』「서역전」에 이 조서를 기록하면서 반고는 "황제가 조서를 내려 과거의 후회를 깊이 진술하며 말하기를……"이라고 설명했다.

이것이 '참회의 조'의 유래다.

반고는 「서역전」에 이렇게 찬사를 남겼다. "(한 무제) 말년에 결국 윤대 지역을 포기하고 애통의 조서를 내렸다. 어찌 어질고 현명한 참회가 아닌가!"

이것이 '애통의 조'의 유래다.

다시 말해 반고도 '죄기의 조'라고는 하지 않았다.

그러면 '죄기'라는 표현은 근거가 있는가?

있다. 한 무제가 이런 말을 했다고 전해지기 때문이다.

> 짐은 즉위한 이래로 행동이 지나치게 오만하여 천하를 근심에 빠뜨렸으니 후회하지 않으면 안 된다. 지금부터 백성을 다치게 하고 천하를 낭비

하는 것을 모두 멈추겠다.

이것은 당연히 자신을 책망한 것이다. '윤대 조'에 이런 말이 있었다면 완벽한 '죄기 조'였을 것이다.

그러나 아쉽게도 없었다.

『자치통감』 권22에 따르면 이 말은 정화 4년(기원전 89) 3월에 한 무제가 태산에서 봉선의식을 거행한 뒤 구두로 명령한 것이다. 윤대도 아니고 조서도 아닌데 어떻게 '윤대죄기 조'라고 부를 수 있겠는가?

무엇보다 이 말의 출처 또한 불분명하다. 『한서』를 훑어봐도 기록이 없고 『자치통감』에만 나온다. 그러면 사마광은 무엇을 근거로 했을까? 송나라 사람이 반고도 모르는 일을 어떻게 알았을까?

책을 많이 읽는 분들이 내게 알려주길 바란다.

부록
본문에 언급된 사건의 연표

한 고조 원년부터 한 무제 원봉 6년까지 한나라 사람들은 진나라의 역법曆法을 따라 매년 10월을 연초로, 다음 해 9월을 연말로 삼았다. 따라서 이 기간에 같은 해의 정월이 12월 이후에 나와도 이상하게 여기지 않길 바란다. 한 무제 태초太初 원년에 한나라 사람들은 음력을 다시 사용하여 정월을 연초로, 12월을 연말로 삼았다.

<u>한 고조 원년(기원전 206)</u> 10월, 유방의 군대가 함양으로 진격하고 진나라 왕자 영嬰이 항복함. 정월에 항우가 유방을 한나라 왕으로 봉함. 4월에 유방이 한중漢中에 들어가고 8월에 유방이 한중에서 나옴.

<u>한 고조 2년(기원전 205)</u> 4월, 유방과 항우가 팽성에서 전투를 벌이고 유방이 패함. 태공太公과 여태후가 포로로 잡히고 유영劉盈은 유방에게 버려질 뻔함. 6월에 유영이 태자로 세워짐.

한 고조 5년(기원전 202) 유방이 황제라 칭하고 한나라를 건국함.

한 고조 7년(기원전 200) 10월, 장락궁이 지어지고 숙손통이 제정한 조의朝儀가 실행되기 시작함.

한 고조 8년(기원전 199) 상인들에게 비단옷을 입고 말을 타는 것을 금지함.

한 고조 12년(기원전 195) 10월, 유비를 오왕으로 봉함. 11월, 태뢰太牢로 공자에게 제사를 지냄. 4월, 유방이 사망함. 5월, 유영이 즉위하여 한 혜제가 됨.

한 혜제 원년(기원전 194) 12월, 조왕 여의가 살해되고 회양왕 유우가 조왕이 됨. 정월, 장안성 축조를 시작하여 5년 뒤 완공함.

한 혜제 2년(기원전 193) 상국 소하가 사망하고 조참이 재상에 오름.

한 혜제 3년(기원전 192) 흉노 묵돌 선우가 여태후를 모욕함.

한 혜제 4년(기원전 191) 10월, 노원공주의 딸을 황후로 세움. 3월, 황제가 관례冠禮를 거행함.

한 혜제 5년(기원전 190) 조참이 사망함.

한 혜제 6년(기원전 189) 10월, 제왕 유비가 사망하고 아들 양이 세워짐. 왕릉이 우승상, 진평이 좌승상이 됨. 여름에 유후留侯 장량이 사망하고 주발이 태위가 됨. 6월에 번쾌가 사망함.

한 혜제 7년(기원전 188) 한 혜제 사망. 아들 유공이 즉위해 전소제가 됨. 여태후가 수렴청정.

고후高後 원년(기원전 187) 여씨 일가가 왕으로 봉해짐.

고후 4년(기원전 184) 여태후가 전소제 유공을 죽이고 그 아들 유홍을 세워 후소제가 됨.

고후 8년(기원전 180) 여태후 사망. 태위 주발이 여씨 일가를 멸하고 유항을 세워 한 문제가 됨.

한 문제 전前 원년(기원전 179) 12월, 연좌법 폐지. 정월, 유계를 태자로 세움.

한 문제 전 2년(기원전 178) 10월, 진평 사망. 5월, 명예훼손죄 폐지.

한 문제 전 3년(기원전 177) 흉노 침략. 제북왕 유흥거가 반란을 일으켰으나 패하고 자살함.

한 문제 전 13년(기원전 167) 5월, 묵형墨刑, 의형劓刑, 비형剕刑 세 가지 육형肉刑 폐지.

한 문제 후後 7년(기원전 157) 한 문제 사망, 한 경제 즉위.

한 경제 전 3년(기원전 154) 칠국의 난.

한 경제 전 7년(기원전 150) 유철을 태자로 세우고 혹리 질도를 사법관으로 임명.

한 경제 중中 2년(기원전 148) 질두가 전 태자인 유영劉榮을 죽음으로 몰고 태후가 질도를 살해함.

한 경제 중 6년(기원전 144) 4월, 양왕 유무 사망. 7월 혹리 영성을 사법관으로 임명.

한 경제 후 원년(기원전 143) 8월, 주아부가 모함을 당해 죽음.

한 경제 후 3년(기원전 141) 12월, 한 경제가 사망하고 한 무제가 즉위함.

한 무제 건원建元 원년(기원전 140) 백가를 배척하고 유가만 숭상함.

한 무제 건원 3년(기원전 138) 낭중 장건이 외교사절로 서역으로 갔다가 흉노에게 포로로 잡힘.

한 무제 건원 5년(기원전 136) 오경박사 설치.

한 무제 원광元光 원년(기원전 134) 효렴, 현량문학, 찰거 제도 시작.

한 무제 원광 2년(기원전 133) 흉노 토벌 시작. 흉노와 한나라의 관계가 벌어지고 그 후 매년 침략함.

한 무제 원광 4년(기원전 131) 위기후魏其侯 두영竇嬰이 살해됨.

한 무제 원광 5년(기원전 130) 혹리 장탕을 중용함.

한 무제 원광 6년(기원전 129) 대사농大司農 정당시鄭當時가 수리水利 사업을 추진함. 흉노가 침입하여 위청 등이 반격함. 장건은 흉노로부터 월지月氏에게로 도망침.

한 무제 원삭元朔 원년(기원전 128) 11월, 조서를 내려 현량, 효렴을 추천하지 않는 자는 유죄라고 규정. 3월, 위자부를 황후로 세우고 장건이 대원大宛으로 감.

한 무제 원삭 2년(기원전 127) 정월, 추은법을 실시하자는 주보언의 건의를 채택함. 위청이 흉노를 토벌하여 하남을 수복하고 삭방군, 오원군을 설치함. 나라의 호걸 300만 명을 무릉茂陵으로 이주시킴. 곽해를 살해함. 장건이 귀국하는 도중에 흉노에게 포로로 잡힘. 주보언이 살해됨.

한 무제 원삭 3년(기원전 126) 겨울, 공손홍이 어사대부가 되고 혹리 장탕을 사법관에 임명함. 장건이 흉노의 내란을 틈타 중국으로 도망침.

한 무제 원삭 5년(기원전 124) 11월, 승상 공손홍을 평진후로 봉하여 먼저 제후로 봉해져야 재상으로 봉해질 수 있는 관례를 깨고 재상으로 봉해진 후 제후로 봉해지는 선례를 남김. 봄, 거기장군 위청이 흉노를 토벌함. 3월, 위청이 대장군에 임명됨. 6월, 공손홍이 오경박사에 제자를 세우자고 요청.

한 무제 원수元狩 원년(기원전 122) 회남왕 유안이 반란을 일으키고 자살함.

한 무제 원삭 2년(기원전 121) 3월, 승상 공손홍이 사망하여 어사대부 이채李蔡가 승상이 되고 정위 장탕이 어사대부가 됨. 표기장군 곽거병이 흉노를 토벌함. 가을, 흉노 혼야왕이 항복하고 한나라는 하서河西 지역을 얻음.

한 무제 원수 4년(기원전 119) 백록피폐를 제작. 사죄령死罪令을 반포하여 민간의 금전 주조를 엄격히 금함. 동곽함양東郭咸陽, 공진, 상홍양을 임명해 경제체제 개혁을 주관하게 함. 민간의 철기 주조와 소금 제조를 금함. 민전령緡錢令을 반포하여 복식을 도덕의 모범으로 삼음. 고비사막 이북 전쟁이 발발하고 이광이 자살함. 위청, 곽거병의 군대가 두 길로 나누어 흉노를 토벌함. 위청은 전안산寘顔山으로 가고 곽거병은 낭거서狼居胥를 막아 이후로 사막 이남에는 흉노의 왕정이 자취를 감춤. 대사마 직위를 설치하고 대장군, 표기장군을 대사마로 임명함.

한 무제 원수 5년(기원전 118) 승상 이채가 하옥되어 자살함.

한 무제 원수 6년(기원전 117) 고민령 반포. 고민법은 대부분 장탕에게서 나옴. 장탕이 대사농 안이가 마음속으로 황제를 욕했다고 모함하여 이때부터 복비죄腹誹罪가 생김. 9월, 곽거병 사망.

한 무제 원정元鼎 원년(기원전 116) 장건을 외교사절로 오손烏孫으로 보냄.

한 무제 원정 2년(기원전 115) 장탕이 처벌을 두려워하며 자살함. 승상 장청적이 하옥되어 자살함. 주천, 무위군을 설치함. 장건이 오손에서 귀국함.

한 무제 원정 3년(기원전 114) 평민이 곡식을 내면 이가 되고 이가 곡식을 내면 관이 될 수 있도록 규정함. 장건이 사망함.

한 무제 원정 4년(기원전 113) 유철이 순시를 나감.

한 무제 원정 6년(기원전 111) 남월을 멸망시키고 그 지역에 9군을 설치함. 광동성, 광서 장족자치구, 해남성 및 베트남이 포함됨. 서남이를 멸망시키고 그 지역에 5군을 설치함. 주천, 무위 지역을 나누고 장액, 돈황을 추가로 설치함.

한 무제 원봉元封 원년(기원전 110) 상홍양이 평준법과 균수법을 시행하자고 건의함. 한 무제가 태산에 올라 봉선의식을 거행함.

한 무제 원봉 2년(기원전 109) 전왕을 항복시키고 그 지역에 익주군益州郡을 설치함. 혹리 두주를 사법관으로 임명하고 1년 내에 10여 만 명을 잡아 옥에 가둠.

한 무제 원봉 3년(기원전 108) 조선이 항복하고 그 지역에 4군을 설치함.

한 무제 원봉 5년(기원전 106) 천하를 13주부로 나누고 각 주에 자사 한 명을 둠.

한 무제 태초太初 원년(기원전 104) 정월을 연초로 삼음. 이사장군 이광리가 대원을 공격하고 좋은 말을 요구함. 혹리 왕온서가 자살함.

한 무제 천한天漢 원년(기원전 100) 소무蘇武가 흉노에게 억류됨.

한 무제 천한 2년(기원전 99) '침명법沈命法' 반포. 이광리가 흉노를 정벌하고 이릉은 투항했으며 사마천은 궁형을 당함.

한 무제 태시太始 2년(기원전 95) 백거白渠를 구축함.

한 무제 정화征和 2년(기원전 91) 태자 유거가 강충江充을 살해하고 패한 후 자살함. 모친인 황후 위자부도 자살함.

한 무제 정화 3년(기원전 90) 이광리가 흉노에 투항함.

한 무제 정화 4년(기원전 89) 유철이 윤대조를 내림.

한 무제 후원後元 2년(기원전 87) 2월, 한 무제 유철이 사망하고 유불릉劉弗陵이 즉위하여 한 소제가 됨.

한 소제 시원始元 6년(기원전 81) 2월, 염철회의.

한 소제 원봉元鳳 원년(기원전 80) 연왕 유단, 개장공주, 상관걸, 상홍양의 모반 계획이 누설되어 연왕, 개장공주는 자살하고 상관걸, 상홍양은 멸족함.

한 소제 원평元平 원년(기원전 74) 한 소제 유불릉이 사망하고 조카 창읍왕 유하가 즉위했다가 27일 후에 폐위됨. 고 태자 유거의 손자 유병이가 세워져 한 선제가 됨.

한 선제 지절地節 2년(기원전 68) 곽광 사망.

한 선제 지절 4년(기원전 66) 곽광의 처와 아들 등이 모반하여 살해됨.

한 선제 황룡黃龍 원년(기원전 49) 한 선제 유병이가 사망하고 아들 유석劉奭이 즉위하여 한 원제元帝가 됨.

한 원제 경영竟寧 원년(기원전 33) 소군昭君이 변경으로 출격함. 한 원제 유석이 사망하고 아들 유오劉驁가 즉위하여 한 성제成帝가 됨.

한 성제 영시永始 원년(기원전 16) 유오가 왕망王莽을 제후로 봉하고 조비연趙飛燕이 황후가 됨.

한 성제 수화綏和 원년(기원전 8) 왕망을 대사마로 임명. 자사刺史를 폐지하고 주목州牧으로 변경함.

한 성제 수화 2년(기원전 7) 한 성제 유오가 사망하고 조카 유흔劉欣이 즉위하여 한 애제哀帝가 됨. 왕망을 대사마 직위에서 해임함.

한 애제 원수元壽 2년(기원전 1) 한 애제 유흔이 사망하고 사촌동생 유기자劉箕子가 즉위하여 한 평제平帝가 됨. 왕태후가 수렴청정을 하고 왕망이 대사마에 임명됨.

한 평제 원시元始 5년(기원후 5) 한 평제 사망.

기원후 8년, 왕망이 황제에 오름.

이중톈 중국사
\08\

한무의 제국

1판 1쇄 2016년 8월 16일
1판 2쇄 2021년 8월 19일

지은이 이중톈
옮긴이 한수희
펴낸이 강성민
기획 김택규
편집장 이은혜
마케팅 정민호 김도윤
홍보 김희숙 함유지 김현지 이소정 이미희 박지원
독자모니터링 황치영

펴낸곳 (주)글항아리 | 출판등록 2009년 1월 19일 제406-2009-000002호
주소 10881 경기도 파주시 회동길 210
전자우편 bookpot@hanmail.net
전화번호 031-955-1936(편집부) 031-955-2696(마케팅)
팩스 031-955-2557

ISBN 978-89-6735-355-1 03900

잘못된 책은 구입하신 서점에서 교환해드립니다.
기타 교환 문의 031-955-2661, 3580

www.geulhangari.com